中等职业教育汽车类专业新形态系列教材

汽车电气设备检测与维护
（含工作页）

主　编　肖福文

副主编　周春辉　张武寿

科学出版社

北　京

内 容 简 介

本书依据教育部 2019 年修订的《中等职业学校专业教学标准》中汽车运用与维修专业"汽车车身电气设备检修"课程的主要教学内容和要求,并参照相关的国家职业技能标准编写而成。

本书主要内容包括汽车电气设备检测工具的使用、汽车熔断器及继电器的检测与维护、汽车电源及起动系统的检测与维护、汽车信号及仪表系统的检测与维护、汽车照明系统的检测与维护、汽车舒适系统的检测与维护、汽车中控及防盗系统的检测与维护和汽车空调系统的检测与维护。

本书配套有课程立体化教学资源,包括与每个任务对应的工作页、重点难点微课及全书教学课件等。

本书可作为中等职业学校汽车运用与维修专业及相关专业学生的教学用书,也可作为相关汽车类专业技术人员的岗位培训教材。

图书在版编目(CIP)数据

汽车电气设备检测与维护:含工作页/肖福文主编. —北京:科学出版社,2021.6

(中等职业教育汽车类专业新形态系列教材)

ISBN 978-7-03-067659-7

Ⅰ.①汽⋯ Ⅱ.①肖⋯ Ⅲ.①汽车-电气设备-车辆检修-中等专业学校-教材 Ⅳ.①U472.41

中国版本图书馆 CIP 数据核字(2020)第 269481 号

责任编辑:陈砺川 赵玉莲 / 责任校对:王万红
责任印制:吕春珉 / 封面设计:东方人华设计部

科学出版社 出版

北京东黄城根北街 16 号
邮政编码:100717
http://www.sciencep.com

三河市骏杰印刷有限公司 印刷
科学出版社发行 各地新华书店经销

*

2021 年 6 月第 一 版 开本:787×1092 1/16
2021 年 6 月第一次印刷 印张:20
字数:468 000

定价:56.00 元(共 2 册)
(如有印装质量问题,我社负责调换〈骏杰〉)
销售部电话 010-62136230 编辑部电话 010-62135397-1028

中等职业教育汽车类专业新形态系列教材
编写委员会

　　本书依据教育部 2019 年修订的《中等职业学校专业教学标准》中汽车运用与维修专业"汽车车身电气设备检修"课程的主要教学内容和要求，并参照相关的国家职业技能标准编写而成。通过本书的学习，学生可以掌握汽车电气检测设备、电源及起动、信号及仪表、照明、舒适、中控及防盗、空调系统的必需知识和核心技能。主编积极吸收了企业技术人员参与教材编写，使学生的学习紧密结合工作岗位，与职业岗位对接；为使书中选取的案例贴近生活和生产实际，将校企多方面的创新理念贯彻到内容选取、教材体例等方面。

　　本书坚持新大纲对"课程教学目标"的定位，在编写时努力贯彻教学改革的有关精神，严格依据新教学大纲的要求，努力体现以下特色。

　　1）充分体现中等职业教育特点，依据中职学生的文化水平和认知特点，遵循技能人才的成长规律，符合教育部对中等职业教育人才培养的要求，体现理实一体、工学结合、校企合作的课程改革思路，突出实用性和针对性。

　　2）在内容编写上不断创新，按照维修企业的实际工作任务及流程组织，力求图文并茂，结构原理尽量采用图片的形式加以说明，实践操作采用现场操作图加以说明，注重教与学方法的创新，以提升教学内涵为目标。

　　3）教材注重以学生为主体，强化引导性问题的设计和实践操作流程的规范表达，注重培养学生学习的自主性及综合职业能力。"做中学，做中教"符合多数学校的主流教学需要。

　　4）教材内容对接职业资格标准，依据职业资格标准所涉及的知识、技能和职业素养以及行业、企业的实际要求进行设计。教材紧密结合企业实际生产过程和典型工作任务，贴近岗位要求，突出能力培养。同时适应行业技术发展，体现教育的先进性和前瞻性，增加新知识、新技术、新工艺的介绍。

　　本书建议学时为 100 学时，具体学时分配见下表。

项　目	建议学时
项目 1　汽车电气设备检测工具的使用	8
项目 2　汽车熔断器及继电器的检测与维护	8
项目 3　汽车电源及起动系统的检测与维护	18
项目 4　汽车信号及仪表系统的检测与维护	12
项目 5　汽车照明系统的检测与维护	12
项目 6　汽车舒适系统的检测与维护	12
项目 7　汽车中控及防盗系统的检测与维护	12
项目 8　汽车空调系统的检测与维护	18

本书由肖福文担任主编，周春辉、张武寿担任副主编，参加编写工作的还有王超众、陆家平、许尉尉、沈聪、张振炫和张悦。其中项目1由王超众编写，项目2由张武寿编写，项目3、项目4、项目7由肖福文编写，项目5和项目6由周春辉编写，项目8由陆家平编写，沈聪负责项目1、项目2微视频及课件的制作，张振炫负责项目3、项目4微视频及课件的制作，张悦负责项目5、项目7微视频及课件的制作，许尉尉负责项目6、项目8微视频及课件的制作，全书由肖福文负责统稿。

　　本书在编写过程中，得到了省级技能大师姜利民、市级技能大师张伟华和上海大众睿德汽车销售服务有限公司技术经理付传书、上汽通用百悦汽车销售服务有限公司服务经理袁军虎的大力支持，还参考了一些文献资料，在此向他们致以诚挚的谢意。

　　由于编写时间及编者水平有限，书中难免有错误和不妥之处，恳请广大读者批评指正。

编　者

2021年2月

CONTENTS

目录

课 程 说 明

0.0.1 课程定位

本课程是汽车运用与维修、汽车车身修复、汽车美容与装潢、汽车整车与配件营销、新能源汽车维修等专业的专业核心课程，主要内容包括汽车电气设备检测工具的使用，汽车熔断器及继电器的检测与维护，汽车电源及起动系统的检测与维护，汽车信号及仪表系统的检测与维护，汽车照明系统的检测与维护，汽车舒适系统的检测与维护，汽车中控及防盗系统的检测与维护和汽车空调系统的检测与维护等内容，涵盖了汽车电气设备常见的典型知识点和技能点。本课程可为汽车类专业学生打下对汽车专业方向课程的基础，为学生今后学习相关专业方向后续课程做好准备。

0.0.2 课程内容

根据汽车电气设备检测与维护的内容，本课程分成 8 个项目，17 个任务，共计 100 学时，具体课程内容及学时安排如下表。

序号	课程项目	任务	学时	总学时
1	汽车电气设备检测工具的使用	任务 1.1 试灯及数字式万用表的使用	4	8
		任务 1.2 汽车解码器的使用	4	
2	汽车熔断器及继电器的检测与维护	任务 2.1 熔断器的检测与维护	4	8
		任务 2.2 继电器的检测与维护	4	
3	汽车电源及起动系统的检测与维护	任务 3.1 蓄电池的检测与维护	6	18
		任务 3.2 交流发电机的检测与维护	6	
		任务 3.3 起动机的检测与维护	6	
4	汽车信号及仪表系统的检测与维护	任务 4.1 汽车信号系统的检测与维护	6	12
		任务 4.2 仪表系统的检测与维护	6	
5	汽车照明系统的检测与维护	任务 5.1 车灯总成的拆装与更换	6	12
		任务 5.2 灯泡的拆装与更换	6	
6	汽车舒适系统的检测与维护	任务 6.1 雨刮器和清洗系统的检测与维护	6	12
		任务 6.2 电动车窗、座椅、后视镜及天窗的检测与维护	6	
7	汽车中控及防盗系统的检测与维护	任务 7.1 中控系统的检测与维护	6	12
		任务 7.2 防盗系统的检测与维护	6	
8	汽车空调系统的检测与维护	任务 8.1 空调系统的清洗及空调滤清器的维护	9	18
		任务 8.2 空调制冷系统的检测及制冷剂的回收与加注	9	
总学时				100

0.0.3　教学组织

1. 组织形式

本课程根据任务驱动、行动导向要求，以 12～20 人的小班化进行教学为宜。根据教学工位条件和教学目标，一般可将学生分成 4 组，每组学生 3～5 人。

2. 教师职责

1）给学生分组，下达学习任务，明确任务要求，组织引导学生开展自主学习，完成任务实施。

2）强调学习注意事项和安全环保要求，实时观察学习进度。

3）协助指导学生解决相关问题，引导学生完成任务。

4）对学生任务完成情况进行点评总结。

3. 学生职责

1）开展小组分工，明确岗位职责，做好任务信息资讯搜集。

2）根据职责分工，小组学生制订任务计划表并实施任务。

3）根据任务分工，进行实践循环。

4）根据任务实施情况，进行自主检查评估。

5）清洁整理工位，做好岗位交接，文档归类整理。

0.0.4　教学条件

1. 教学设备

本课程的教学场地应安排理论学习区和实践学习区。理论学习区应满足 20 名学生学习位置，并以小组的形式进行布置，安装配备相应的网络计算机多媒体设备，并设有专门的资料存储地方。实践学习区至少设置 4 个学习工位，每个工位配备包括汽车整车、汽车电气部件、工具车及工具等相应的设备设施，保证教学的有效开展，同时要做好安全环保的工作。

2. 教学资源

本课程的教学需要配备本教材、本教材相配套的工作页以及数字化教学资源包；要提供与教学车型相配套的维修手册和车辆说明书；在计算机多媒体平台上安装好相应的信息化教学平台，同时配备相应的拍摄设备，以便开展信息化教学。

0.0.5　工作页使用说明

本课程所配工作页设计宗旨是引导学生能自主完成任务。每个任务的工作页由 5 个表单组成，对应完成任务的 5 个环节，分别是任务单、信息表、记录表、评分表和交接单。

1. 任务单

任务单提供了整个任务的总体说明。在任务开展之前，要求学生仔细阅读整个任务单文本，明确任务要求和实施环节。

2. 信息表

信息表分上、下两部分。在上部分，学生需搜集并填写关于任务所涉及的基础知识点、设备工具、安全环保等方面的信息，为完成工作计划表做准备。在下部分，学生需填写工作步骤及工作所需工具。

3. 记录表

学生根据信息表中的工作，计划开展任务实施，并在记录表中详细记录任务实施的情况和过程，为任务实施的检查和反思提供依据。

4. 评分表

老师根据学生任务实施情况打分；学生根据任务实施中出现的问题提出改进方法，记录在评分表中，为今后的改进提供借鉴。

5. 交接单

在整个任务全部结束后，学生检查确认学习区域的场地，将设备恢复清洁，整理并提交资料文档。学生根据交接单要求，检查相关事项，完成后做好签字确认工作。

0.0.6 考核评价

根据本课程基于工作页的行动导向教学特点，结合课程目标的具体要求，确定终结性考核和过程性考核相结合的方式展开。终结性考核是在课程学习完成后，一般安排在学期结束时，占 60%。过程性考核是在课程学习过程中，每个学习任务考核的平均成绩，占 40%。即课程成绩=终结性考核 60%+过程性考核 40%。

终结性考核根据课程学习任务抽取 3～5 个学习任务作为考核项目，根据过程性考核评价表进行考核评价，计算出 3～5 个学习任务的平均分，即为学生本课程终结性考核的成绩。

过程性考核是根据每个任务评价表，从信息资讯、计划制订、任务实施、检查评估、文档交接等每个实施环节的评分标准，对学生完成任务情况进行评价，作为过程性考核的每个学习任务成绩。

汽车电气设备检测工具的使用

在汽车电气设备检测与维护的日常作业中,我们经常会使用到试灯、数字式万用表和汽车解码器等检测工具。通过本项目的学习,学生能够掌握常用检测工具的相关知识和必备技能,从而能够更好地对汽车电气设备的故障进行检修。

知识目标

1. 掌握试灯的作用及类型。
2. 掌握数字式万用表的类型、功能及组成。
3. 掌握博世 MMD540H 型汽车数字式万用表的功能。
4. 掌握汽车解码器的类型、组成及功能。

能力目标

1. 能够规范使用试灯、数字式万用表和汽车解码器。
2. 能够运用试灯、数字式万用表进行实车故障检测。
3. 能够运用汽车解码器进行实车的故障诊断。

素质目标

1. 通过正确使用检测工具,培养学生安全、细致的工作态度。
2. 通过实车检测,培养学生严谨、规范的工作意识。
3. 通过理实一体化项目教学,培养学生的工匠精神和职业热情。

任务 1.1　试灯及数字式万用表的使用

情境描述

　　小王在某上海大众汽车 4S 店做机电学徒有几天了。有一天，看到赵师傅在进行车辆故障检修时，使用了试灯和数字式万用表这两个检测工具，于是他也想学习如何使用。

　　如果你是赵师傅，请你向小王介绍试灯和数字式万用表的功能以及在车辆维修中的使用方法。

学习目标

※知识目标： 理解试灯的功能及类型。

　　　　　　理解万用表的功能及类型。

　　　　　　理解常见汽车数字式万用表的组成。

※技能目标： 能规范使用试灯。

　　　　　　能熟悉博世 MMD540H 型汽车数字式万用表的各个功能。

　　　　　　能规范使用数字式万用表进行实车相关检测。

※素质目标： 通过正确使用检测工具，培养学生安全、细致的工作态度。

　　　　　　通过正确使用试灯及数字式万用表，培养学生规范、严谨的工作意识。

　　　　　　通过实践操作，培养学生对职业的热情。

任务结构

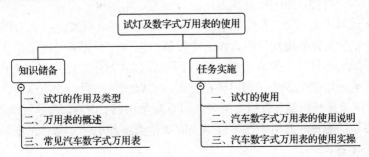

■ 🔧 知识储备

1.1.1 试灯的作用及类型

汽车的试灯一般是用来测试检查线路的通断、是否带电或是否有信号存在。一般的试灯有两条线连接一个小灯泡，有的线上还会绑上一根铁丝或钢针，头上会磨得尖尖的，好用来刺穿线束或电线。使用时一条线接正极，一条线接负极，试灯上的两条线不分正负，只要分别连接到正负极，灯泡就会亮起来。

汽车试灯通常分为二极管试灯和普通灯泡试灯两种。按功率大小可分为 3 类：LED 试灯、5W 试灯、21W 试灯。LED 试灯发光二极管的电流小，一般 3V 左右的电压就足够点亮一个 LED 试灯，适合信号电路，比如传感器；5W 试灯电流小，电阻为 30～35Ω，适合驱动电路，比如喷油器驱动电压电路；21W 试灯电流大，电阻在 8Ω 左右，适合功率电路测试或短接测试，比如油泵线路。试灯使用简单、方便且直观，所以在汽车检测中应用广泛，如图 1-1 和图 1-2 所示。

图 1-1 二极管试灯

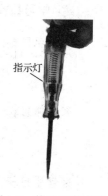

指示灯

图 1-2 普通灯泡试灯

1.1.2 万用表的概述

万用表广泛应用于电工、电子测量领域，主要对电路中的电量、电量的变化及元器件进行测量。日常使用的万用表可分为数字式万用表（DMM）（图 1-3）和指针式万用表（模拟指示仪表）（图 1-4）两种，由于指针式万用表在量程、精确度、测量速度和输入阻抗等方面大大逊色于数字式万用表，所以在实际测量中，指针式万用表有被数字式万用表所替代的趋势。不过在测量电量变化的连续性时，如测量阻值的连续性变化等方面，指针式万用表又有其独到之处，又因为指针式万用表价格低廉，所以指针式万用表还被很多人所使用。

大多数万用表采用磁电表头，利用转换开关，可以测量电阻、直流电压、交流电压、直流电流、交流电流等多种电量。有的万用表还可以测量电感、电容、晶体管电流放大倍数等。基于上述基本参数的测试，万用表还可以用来间接检查各种电子元器件的好坏，检查、调试几乎所有的电子设备。

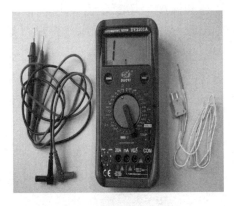

图1-3 数字式万用表

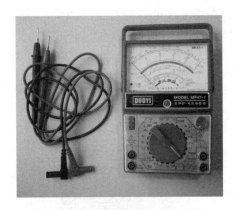

图1-4 指针式万用表

对汽车的电气设备进行故障诊断和检测时，万用表是必不可少的仪器。对于传统发动机来讲，要检测电路中的电压、电流、电阻等参数，使用普通指针式万用表即可。但现代发动机均采用微机控制，使用低阻抗指针式万用表，会对车载电脑及传感器造成损坏。所以，必须采用高阻抗的数字式万用表。

一般的数字式万用表只能测量直流和交流电压、直流电流、电阻和二极管、晶体管、电路的通断等。对于电控汽车来讲，只检测上述参数是远远不够的，还必须检测转速、闭合角、占空比、频率、压力、时间、电容、电感、温度等。这些参数，对于电控汽车的故障诊断是十分重要的。用一般的数字式万用表是无法检测上述参数的。因此，现代电控汽车的检测及故障诊断必须使用汽车专用万用表。

汽车专用万用表也是一种数字式万用表，其外形、结构和工作原理与数字式万用表相同。它继承了数字式万用表的一切优点，并使其扩展至汽车检测领域。汽车专用万用表的种类很多，大多为进口仪表，虽然面板形式不同，但功能相近，对上述提到的各种参数均能进行检测，常用的有博世MMD54OH型万用表如图1-5所示；美国OTC3514型/FLUKE型万用表如图1-6所示；我国台湾地区生产的EDA系列汽车万用表如图1-7所示。有的专用数字式万用表还增加了示波器、运行记录器、发动机分析仪的功能，在其外形尺寸不变的情况下，做到了专用数字式万用表的多功能、多用途。

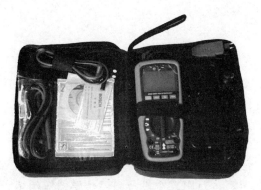

图1-5 博世MMD54OH型万用表

图1-6 美国OTC3514型/FLUKE型万用表

为实现汽车专用万用表的某些功能，如测量转速和温度，还配备了一些配件，如热电偶适配器、热电偶探头、电感式拾取器和感应式电流夹钳等，感应式电流夹钳如图1-8所示。

图 1-7　EDA 系列汽车万用表　　　　　　　图 1-8　感应式电流夹钳

　　不论是哪种型号的汽车数字式万用表，一般均具有以下功能。

① 常规的交/直流电压、电流和电阻的检测。

② 电路的断路、短路检测，声响指示。

③ 线路中的电压降与阻抗的检测。

④ 线路中接点电压降的检测。

⑤ 汽车交流发电机的检测。

⑥ 发动机转速检测。

⑦ 温度检测。

⑧ 电控系统传感器的测试。

⑨ 频率、时间（ms）的测试。

⑩ 电磁线圈占空比的检测。

⑪ 闭合角的检测。

⑫ 测量数据保持功能。

⑬ 最大值、最小值的检测。

1.1.3　常见汽车数字式万用表

　　1. DY2201A 型汽车数字式万用表

　　DY2201A 型汽车数字式万用表一般由红黑表笔、万用表主机及温度传感器等组成，如图1-9所示。

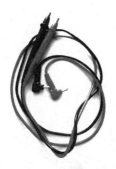  

红黑表笔   万用表主机   温度传感器

图 1-9　DY2201A 型汽车数字式万用表组成

2. 美国 OTC3514 型汽车数字式万用表

美国 OTC3514 型汽车数字式万用表一般由万用表主机、红黑表笔及电流感应钳组成，如图 1-10 所示。

万用表主机   红黑表笔   电流感应钳

图 1-10　美国 OTC3514 型汽车数字式万用表组成

3. 博世 MMD540H 型汽车数字式万用表

博世 MMD540H 型汽车数字式万用表一般由温度传感器、红黑表笔、电流感应钳及万用表主机等组成，如图 1-11 所示。

温度传感器   红黑表笔   电流感应钳   万用表主机

图 1-11　博世 MMD540H 型汽车数字式万用表组成

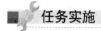任务实施

1.1.4 试灯的使用

试灯的使用方法如图 1-12 所示。

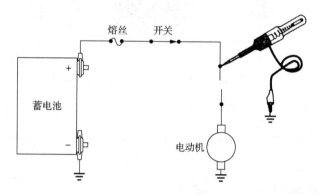

试灯的使用

图 1-12 试灯的使用方法

1. 利用试灯检测线路是否带电

试灯的一端连接电瓶负极或者接地，另一端与被测部位连接，若试灯亮，说明线路有电，否则说明线路没电。

2. 利用试灯检测一条线路是否存在断路

若用试灯检测电气电源线路中某一点有电，但在线路的下一点检测没电，则说明该段线路存在断路。

3. 利用试灯检测信号线路中是否有信号存在

如对于点火信号、霍尔式凸轮轴位置传感器等信号线路，在用二极管试灯检测时，试灯应有规律地闪烁，否则说明线路或者相关部件存在故障。

1.1.5 汽车数字式万用表的使用说明

1. 普通型汽车数字式万用表

汽车数字式万用表因型号不同，其面板布置形式也不同。一般包括显示器、功能按键、功能选择开关、温度测量插孔、公用插孔（用于测量电压、电阻、频率、闭合角、频宽比和转速等）、搭铁插孔、电流测量插孔、测试探针（或感应式电流夹）等，如图 1-13 所示。

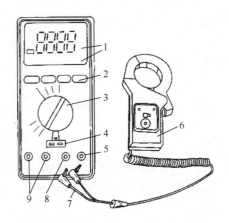

1—显示器；2—功能按键；3—功能选择开关；4—温度测量插孔；5—公用插孔；
6—感应式电流夹；7—感应式电流夹插头；8—搭铁插孔；9—电流测量插孔。

图 1-13 普通型汽车数字式万用表

2. 博世 MMD540H 型汽车数字式万用表

博世 MMD540H 型汽车数字式万用表一般由液晶显示器、功能按键、选择开关和表笔插孔等部分组成，如图 1-14 所示。

（1）选择开关

打开仪表开关，当选择所需要的功能后，所有的功能字符将出现在显示器上 1s，同时仪表进行自检，随后仪表才能进行正常操作。选择开关如图 1-15 所示。

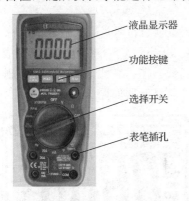

图 1-14 博世 MMD540H 型汽车数字式万用表

图 1-15 选择开关

选择开关上的各开关说明如下。

OFF：关闭挡

$V_{DC}/_{AC}$：直流电压/交流电压挡

Ω/ •))) / ➤⊦：电阻/蜂鸣器/二极管挡

CAP：电容挡

℃ IR：摄氏度/红外线挡

℉ IR：华氏度/红外线挡

℃　Type-K：摄氏度/K 型挡

℉　Type-K：华氏度/K 型挡

mA　（DC/AC）：毫安 直流/交流挡

20A　（DC/AC）：20 安 直流/交流挡

Hz：频率挡

%DUTY：占空比挡

ms-PULSE：毫秒-脉冲挡

DWELL：闭合角，可测 4、6 和 8 缸。4 缸机闭合角显示范围为 0°～90.0°；6 缸机闭合角显示范围为 0°～60.0°；8 缸机闭合角显示范围为 0°～45.0°。

RPM：转速挡

×10 RPM：10 倍转速挡

（2）功能按键

当功能键被按下时，相应的符号将出现在显示器上，同时蜂鸣器响；如果转换选择开关，功能自动缺省。功能按键控制面板如图 1-16 所示。

① ▢ ：直流/交流电压转换、电阻/二极管/蜂鸣器挡转换键

② ▢ ：保持键

③ ▢ ：最大/最小转换键

④ ▢ ：峰值模式测量信号键

⑤ ▢ ：测量范围转换键

⑥ ▢ ：显示屏照明键

（3）液晶显示器

显示器除显示测量数值外，还可显示正在进行的测量项目符号。如果输入信号稳定，测量结果将很精确；如果输入信号是变化的，可以通过观察显示器下方线柱的高低完成测量；如果变化值太大，超出线柱显示范围，显示器将显示超载。在占空比（% DUTY）测试中，如果信号很高、很低或无信号，显示器也显示超载。液晶显示器如图 1-17 所示。

图 1-16　功能按键控制面板

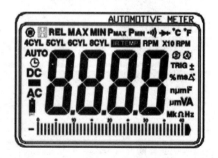

图 1-17　液晶显示器

显示器上的符号含义说明如下。

-8.8.8.8：LCD digits（LCD 显示屏）

•))）：continuity（蜂鸣器）

➡┥：diode（二极管）

DATA HOLD：data hold（数据保持）

AUTO：autoranging（自动测量）

AC：alternating current（交流）

DC：direct current（直流）

n：nano（10^{-9}）（capacitance）（纳法拉）

μ：micro（10^{-6}）（amps，cap）（微法拉）

m：milli（10^{-3}）（volts，amps）（毫法拉）

A：amps（安培）

k：kilo（10^{3}）（ohms）（千欧）

F：farads（capacitance）（法拉）

M：mega（10^{6}）（ohms）（兆欧）

Ω：ohms（欧姆）

V：volts（伏特）

Hz：hertz（frequency）（赫兹）

%：percent（duty ratio）（占空比）

℉：degrees fahrenheit（华氏度）

℃：degrees centigrade（摄氏度）

IR TEMP：infrared temperature（红外线温度）

（4）表笔插孔

表笔插孔如图 1-18 所示。各符号含义说明如下。

20A：测量电流范围在 20A 内的红表笔插孔。

400 mA：测量电流范围在 400mA 内的红表笔插孔。

V·Ω·Hz·% RPM·CAP·ms DWELL·℃·℉：测量电压/电阻/频率/占空比/转速/电容/脉冲/闭合角/华氏温度/摄氏温度等的红表笔插孔。

COM：接地的黑表笔插孔。

图 1-18　表笔插孔

汽车数字式万用表的使用

1.1.6　汽车数字式万用表的使用实操

步骤	操作内容	操作图片
1	测量直流电压： ① 将选择开关置于直流电压挡 ② 红表笔接蓄电池正极，黑表笔接蓄电池负极 ③ 观察显示器的显示	测量蓄电池电压
2	测量喷油器电阻： ① 将选择开关置于电阻挡 ② 红表笔接电阻一侧，黑表笔接另一侧 ③ 观察显示器的显示	测量喷油器电阻
3	测量二极管： ① 将选择开关置于二极管挡 ② 先将红表笔接二极管负极，黑表笔接二极管正极，测量完成后交换两表笔的位置再次测量 ③ 观察显示器的显示	正向导通性　　　　反向截止性
4	测量电容： ① 将选择开关置于电容挡 ② 红表笔接电容一侧，黑表笔接电容另一侧 ③ 观察显示器的显示	测量点火器电容
5	测量导通性： ① 将选择开关置于导通挡 ② 红表笔接传感器线路一端，黑表笔接发动机ECU线路另一端 ③ 观察显示器的显示	测量线路导通性

续表

步骤	操作内容	操作图片
6	测量电流： ① 将选择开关置于电流挡 ② 红表笔接入线路正极，黑表笔接入线路负极 ③ 观察显示器的显示	 测量试灯电路中的电流
7	测量温度： ① 将选择开关置于温度挡 ② 将温度传感器探头接触被测物体表面 ③ 观察显示器的显示	 测量环境温度
8	测量脉冲宽度： ① 将选择开关置于脉冲挡 ② 红表笔接喷油器的脉冲信号端子，黑表笔接地 ③ 观察显示器的显示	 测量喷油器脉宽

🔧 任务评价表

试灯及数字式万用表的使用任务评价表

姓名：　　　　班级：　　　　学号：　　　　日期：

序号	学习目标	学习目标达成情况		
		能	不能	不能达成的原因
1	掌握试灯的作用及类型			
2	掌握数字式万用表的类型、功能及组成			
3	掌握常见汽车数字式万用表特点			
4	能规范使用汽车试灯			
5	能规范使用汽车数字式万用表进行相关检测			

任务 1.2 汽车解码器的使用

情境描述

　　小王在某汽车 4S 店做机电学徒快一周了，有一天，看到赵师傅在进行车辆故障检修时，使用了汽车解码器这个检测设备，于是他也想学习如何使用。

　　如果你是赵师傅，请你向小王介绍汽车解码器的功能以及在车辆故障诊断中如何使用这个设备。

学习目标

　　※知识目标： 理解汽车解码器的类型。

　　　　　　　　理解 KT600 解码器的组成。

　　　　　　　　理解 KT600 解码器界面及功能键的含义。

　　※技能目标： 熟悉 KT600 解码器的各个功能。

　　　　　　　　能实车运用 KT600 解码器的功能。

　　　　　　　　能规范使用 KT600 解码器进行故障诊断并排除。

　　※素质目标： 通过正确使用检测设备，培养学生安全、细致的工作态度。

　　　　　　　　通过正确使用解码器，培养学生规范、严谨的工作意识。

　　　　　　　　通过实践操作，培养学生对职业的热情。

任务结构

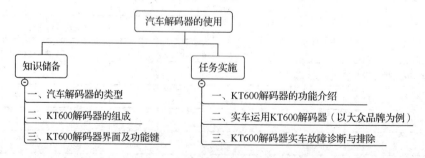

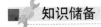

1.2.1　汽车解码器的类型

汽车解码器可分为原厂专用型解码器和通用型解码器两大类。

1. 原厂专用型解码器

原厂专用型解码器,指各汽车生产厂家为自己所生产的车型而设计的解码器,它主要是为了检测本公司所生产的指定车型。例如,通用公司的 Tech 2(图 1-19);福特公司的 NGS(图 1-20)与 STAR-Ⅱ;克莱斯勒公司的 DRB-Ⅱ(图 1-21);大众汽车公司的 V.A.G1551、V.A.G1552 及 1552A、VAS5054(图 1-22)等;奔驰公司的 HHT(图 1-23);丰田公司的 Intelligent Tester Ⅱ(图 1-24);现代公司的 Hi-Scan 等。

图 1-19　通用公司的 Tech 2

图 1-20　福特公司的 NGS

图 1-21　克莱斯勒公司的 DRB-Ⅱ

图 1-22　大众汽车公司的 VAS5054

图 1-23　奔驰公司的 HHT

图 1-24　丰田公司的 Intelligent Tester Ⅱ

2. 通用型解码器

通用型解码器根据其来源，目前分为进口解码器与国产解码器。进口解码器常见的是美国实耐宝（Snap-On）公司生产的红盒子诊断仪（图 1-25）、欧瓦顿勒公司（Owatonna Tool Company）生产的 OTC 解码器（图 1-26）和用于检测欧洲车的 EAAT3000 解码器等。

国产解码器主要有电眼睛诊断仪（图 1-27）、仪表王诊断仪、修车王诊断仪（图 1-28）及金德 KT600 解码器等。

图 1-25　美国实耐宝红盒子诊断仪

图 1-26　欧瓦顿勒公司的 OTC 解码器

图 1-27　电眼睛诊断仪

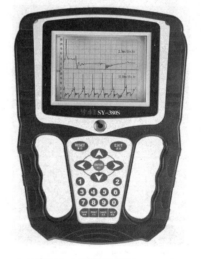

图 1-28　修车王诊断仪

1.2.2　KT600 解码器的组成

KT600 解码器是集多种功能于一体的新型诊断设备。该产品为国内首创，包含了大多数原厂通信协议及控制器局域网（CAN）的通信协议，可扩充性强；配备超大容量的 CF 卡，可随意扩充升级程序，实时保存诊断结果；带有精密的微型打印机，可实时打印诊断报告；彩色大屏幕，触摸屏操作，非常直观明了；实时检测点火系统、传感器、执行器等波形，为准确判断汽车故障提供强有力的支持。KT600 解码器如图 1-29 所示。

1）KT600 主机（含打印盒，安装在主机内）如图 1-30 所示。

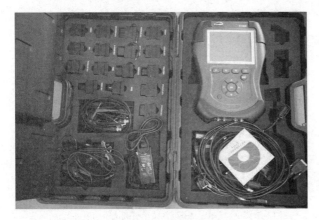

图 1-29　KT600 解码器

图 1-30　KT600 主机

2）测试线，包括测试延长线、电源延长线、电瓶电源夹等，如图 1-31 所示。

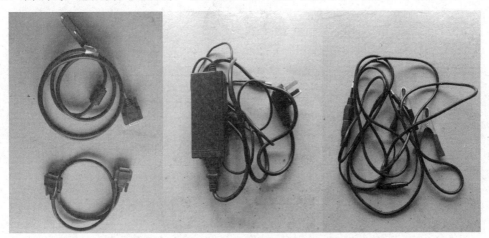

图 1-31　测试延长线、电源延长线、电瓶电源夹

3）汽车诊断接头如图 1-32 所示。

图 1-32　汽车诊断接头

1.2.3　KT600 解码器界面及功能键

1）KT600 解码器界面及功能键介绍如图 1-33 所示。

1—640×480LCD触摸式真彩屏；2—返回上级菜单、退出；3—进入菜单、确认所选项目；
4—电源开关；5—方向选择键；6—多功能辅助键。

（a）KT600解码器正面

1—打印盒；2—打印机卡扣；3—手持处；4—卡锁；
5—胶套；6—保护带；7—触摸笔槽。

（b）KT600解码器背面

（c）测试端口及其指示灯

（d）各示波通道

1—NET：直插网线可实现在线升级；2—PS2：可外挂键盘和亲码枪，内含标准RS232串口；
3—CFCARD：CF卡插槽（实现CF卡插拔）；4—POWER：接这个端口给主机供电。

（e）KT600解码器插口

图 1-33　KT600 解码器界面及功能键介绍

2）KT600 主机供电有 4 种方式，可以根据需要进行选择，主要包括交流电源供电、汽车电瓶供电、点烟器供电和诊断座供电，解码器的连接如图 1-34 所示。

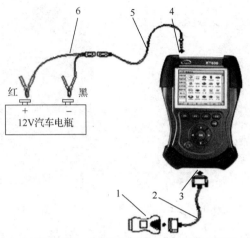

1—专用测试接头；2—测试延长线；3—KT600 测试口；
4—KT600 电源接口；5—电源延长线；6—双钳电源线。

图 1-34 解码器的连接

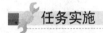 任务实施

1.2.4 KT600 解码器的功能介绍

KT600 可以诊断目前国内多种常见车型；可以测试原厂 88 个电子控制系统（目前仍在不断地增加）。其测试功能包括读取车辆电脑型号、读取故障码、清除故障码、读取动态数据流、基本设定、控制器编码、元件控制测试、各种调整匹配、自适应值清除、系统登录、防盗钥匙匹配等。

本任务以测试大众发动机系统为例介绍解码器的使用方法：仪器开机后进入汽车诊断系统，选择"01-发动机"，如图 1-35 所示，将显示汽车电脑版本号，部分车型会有多屏显示，点击即可查看。读取完汽车电脑版本号后，按任意键，进入系统诊断界面，下面分别对各测试系统功能菜单进行说明。

1．读取车辆电脑型号

此项功能可以读取被测试系统的电脑信息，包括版本号、CODING 号、服务站代码以及相关信息。一般更换车辆控制单元时，需要读出原控制单元信息并记录，以作为购买新控制单元的参考。对新的控制单元进行编码时，需要原控制单元信息，如图 1-36 所示。

2．读取故障码

此项功能可以读取被测试系统 ECU 存储器内的故障码，帮助维修人员快速查到车辆故

障引起的原因。在系统功能选择菜单中选择"02-读取故障码"，系统开始检测电脑随机存储器（ROM）中存储的故障记忆内容，测试完毕屏幕显示出测试结果，如图1-37所示。

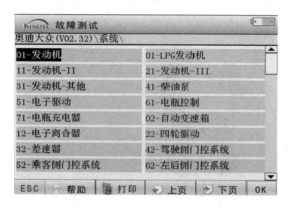

图1-35　选择"01-发动机"

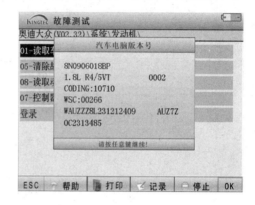

图1-36　读取车辆电脑型号

通过滚动条滚动屏幕查看所有故障码信息，若所测试系统无故障码，则屏幕显示"系统正常"字样，选择ESC按键返回上一级菜单。

3. 清除故障码

在系统功能选择菜单中选择"05-清除故障码"后进入操作界面，如图1-38所示。

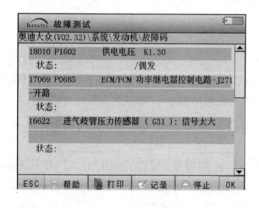

图1-37　读取故障码

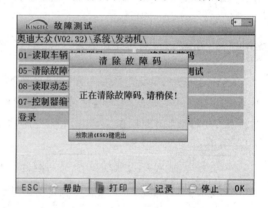

图1-38　清除故障码

此项功能可以清除被测试系统 ECU 内存储的故障码，一般车型请严格按照常规顺序操作：先读故障码并记录（或打印），然后再清除故障码，试车，再次读取故障码进行验证，维修车辆，清除故障码，再次试车确认故障码不再出现。

当前硬性故障码是不能被清除的，如果是氧传感器、爆震传感器、混合气修正、气缸失火之类的技术型故障码虽然能被立即清除，但在一定周期内还会出现，必须要彻底排除故障之后故障码才不会再出现。

4. 读取动态数据流

奥迪大众车系的数据流很齐全，但是需要原厂手册支持，否则只显示数据而不知道内容。

在系统功能选择菜单选择"08-读取动态数据流"进入操作界面，如图 1-39 所示。例如，进入奥迪大众的测试系统，仪器默认读取 1、2、3 组数据流，用户可以通过点击屏幕界面上的组号调节框顺序增减组号大小，选择不同的数据流组；或者可以直接点击组号框，利用界面弹出的小键盘输入具体的数据流组号，用户可以读取到任意组的动态数据流。

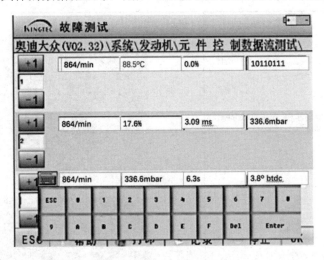

图 1-39　读取动态数据流

5. 元件控制测试

此项功能可以检查执行元件的电路工作状况，进行元件控制测试时可以观察该元件是否正常工作，如果该执行元件不正常工作，则需要检查相关元件、插头线束或机械部位是否存在故障。在系统功能选择菜单选择"03-元件控制测试"进入操作界面，如图 1-40 所示。此时仪表板系统将会进行模拟显示，可以观察仪表是否存在故障。

图 1-40　元件控制测试操作界面

按任意键或点击屏幕进入元件的测试，此时仪表板上所有警告灯将会显示，从而可以判断仪表警告灯或者线路是否故障。点击继续按钮进入下一元件的测试，方法同前，直到被测试系统元件全部测试结束，按 ESC 键返回系统功能选择菜单。

汽车解码器操作流程

1.2.5　实车运用 KT600 解码器（以大众品牌为例）

步骤	操作内容	操作图片
1	组装诊断仪： 打开 KT600 解码器盒、连接故障诊断仪	
2	车辆防护，连接仪器： 打开车门，安装三件套，连接诊断仪至车辆诊断座	
3	仪器开机，进入诊断界面： 诊断仪开机进入主界面后，点击汽车诊断，进入汽车故障诊断系统，点击大众奥迪车系，选择"01-发动机"	
4	再选择"01-读取车辆电脑信息"	

续表

步骤	操作内容	操作图片
5	选择"02-读取发动机故障码"	
6	选择"05-清除故障码"	
7	选择"03-元件控制测试"	
8	选择"08-读取发动机动态数据流"	
9	选择"04-基本设定"	

步骤	操作内容	操作图片
10	选择"10-调整"	
11	选择"16-登录（允许访问）"	
12	自适应清除	
13	退出诊断仪： 退出电脑诊断仪，关闭点火开关，取下诊断仪并复位	
14	车辆复位： 取下三件套，拔下钥匙，关闭车门，清洁现场	

故障码诊断实操

1.2.6 KT600 解码器实车故障诊断与排除

1. 故障码诊断实操

现在的汽车里面分布了各种各样的传感器，将汽车各部位的工作信息随时传给汽车的控制单元，控制单元经过分析判断后，发出一系列的指令给执行器，让汽车做出各种动作，比如加油、断油、换挡、制动、转向等，帮助驾驶员更好地控制车辆。

如果没有接收到信息或接收到错误的信息，控制单元就会将这个信息存储起来，这就是故障码；然后以一定的方式通报给驾驶员，比如点亮故障灯或发出警报声等。

故障码的产生有以下两种原因：

① 传感器传递的信号错误，这种情况一般是传感器自身故障或线路故障；

② 控制逻辑错误，即控制单元接收到的信息互相冲突，无法执行，这时也会存储故障码，但这时显示的故障部位不一定准确，需要我们根据相关部件的控制逻辑进行分析判断。

所以，通过解读故障码，大多能正确识别故障可能发生的原因和部位，但也会出现判断失误的情况。实际上故障代码仅是一个"是"或"否"的界定结论，不可能指出故障的具体原因，想要准确判定故障原因和部位，还需根据发动机的故障征候，进一步分析和检查才能做到。

举例：一辆桑塔纳 2000，在行驶的过程中发现故障指示灯点亮，驾驶员将车开到 4S 店，经过与维修接待沟通后需要对相关电控系统进行诊断。

步骤	操作任务	操作图片
1	打开 KT600 解码器盒、连接故障诊断仪	
2	打开车门，安装三件套，连接诊断仪至车辆诊断座	

步骤	操作任务	操作图片
3	诊断仪开机进入主界面后，点击"汽车诊断"，进入汽车故障诊断系统，选择大众奥迪车系，选择发动机系统	
4	选择"02-读取发动机系统故障代码"，屏幕显示有三个故障码	
5	清除故障码后再次读取，屏幕显示只有一个真实的故障码	
6	根据故障码指示，对一缸喷油器进行外观检查，发现插接器松动；如果外观检查正常，需要根据维修手册对一缸喷油器及相关电路进行检查，确认故障点	

步骤	操作任务	操作图片
7	选择"05-清除故障码"	
	选择"02-重新读取发动机故障码",此时屏幕显示"系统正常"	
8	退出电脑诊断仪,关闭点火开关,取下诊断仪并复位	
9	取下三件套,拔下钥匙,关闭车门,清洁现场	

2. 数据流诊断实操

汽车数据流是指电子控制单元（ECU）与传感器和执行器交流的数据参数通过诊断接口，由专用诊断仪读取的数据，数据随时间和工况而变化。数据的传输就像队伍排队一样，一个一个通过数据线流向诊断仪。

汽车电子控制单元（ECU）中所记忆的数据流真实地反映了各传感器和执行器的工作电压和状态，为汽车故障诊断提供了依据，使维修人员可以随时了解汽车的工作状况，及时诊断汽车的故障。读取汽车数据流可以检测汽车各传感器的工作状态，并检测汽车的工作状态，通过数据流还可以设定汽车的运行数据。

举例：一辆桑塔纳 2000GSi 轿车装用 AJR 发动机，在冷车时启动，启动困难，但故障灯不亮。

步骤	操作任务	操作图片
1	打开 KT600 解码器盒，连接故障诊断仪	
2	打开车门，安装三件套，连接诊断仪至车辆诊断座	
3	诊断仪开机进入主界面后，点击"汽车诊断"，进入汽车故障诊断系统，选择大众奥迪车系，选择发动机系统	

续表

步骤	操作任务	操作图片
4	选择"02-读取故障码"	
5	选择"08-读取动态数据流",发现冷却液温度传感器的数据流显示为-40℃	
6	拔下冷却液温度传感器插接器,测量传感器及相关电路,发现传感器信号电路断路,修复后故障排除	
7	选择"08-重新读取冷却液温度传感器的数据流",温度显示正常	

续表

步骤	操作任务	操作图片
8	退出电脑诊断仪，关闭点火开关，取下诊断仪并复位	
9	取下三件套，拔下钥匙，关闭车门，清洁现场	

任务评价表

汽车解码器的使用任务评价表

姓名：　　　　班级：　　　　　学号：　　　　　　　日期：

序号	学习目标	学习目标达成情况		
		能	不能	不能达成的原因
1	理解汽车解码器的类型			
2	理解 KT600 解码器的组成			
3	理解 KT600 解码器界面及功能键的含义			
4	能规范使用 KT600 解码器			
5	能规范使用 KT600 解码器进行故障诊断并排除			

项目 2 汽车熔断器及继电器的检测与维护

为了保护汽车电气设备，在汽车电路中通常都加装有不同规格的熔断器，当电路系统发生故障时，熔断器会熔断来保护电气设备，在汽车电气设备故障检查时，我们经常要检查相关电路的熔断器和继电器。通过本项目的学习，学生能够掌握熔断器和继电器的相关知识和必备技能，从而能够更好地对汽车电气设备的故障进行检修。

知识目标

1. 掌握汽车常用电器符号的含义。
2. 掌握熔断器的作用、安装位置、规格及检查方法。
3. 掌握继电器的作用、组成、工作原理及检查方法。

能力目标

1. 能够识别熔断器的规格，并进行熔断器的检查、更换。
2. 能够识别不同类型的继电器，并进行继电器的检查、更换。

素质目标

1. 通过正确检查熔断器和继电器，培养学生安全、细致的工作态度。
2. 通过实车相关故障的检测与排除，培养学生严谨、规范的工作意识。
3. 通过理实一体化项目教学，培养学生的工匠精神和职业热情。

任务 2.1　熔断器的检测与维护

情境描述

近日小王所在的 4S 店接到一位车主的电话，该车主反映他的爱车刚启动又自动熄火了，接着就无法启动。随后小王带着检修设备与工具前去救援，经过一番检查后发现在打开点火开关 3～5s 内未听到燃油泵和燃油泵继电器工作的声音，现怀疑是燃油泵控制电路中的熔断器已熔断，因此需要对其进行检查，必要时进行更换。

学习目标

※**知识目标：** 掌握汽车常用电气符号的含义。

掌握熔断器的作用、安装位置及规格。

掌握熔断器的检测方法。

※**技能目标：** 能识别熔断器的不同规格。

能正确进行熔断器的检测。

能正确进行熔断器的更换。

※**素质目标：** 通过正确检测熔断器，培养学生安全、细致的工作态度。

通过正确更换熔断器，培养学生规范、严谨的工作意识。

通过实践操作，培养学生对职业的热情。

任务结构

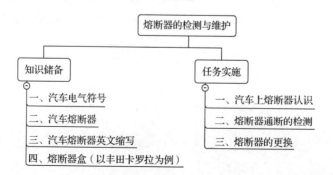

2.1.1 汽车电气符号

在识读任何一种电路图前，必须对电路图特殊的表达方式有所了解。

1. 汽车常用的电气符号

汽车常用的电气符号及对应名称如表 2-1 所示。

表 2-1 汽车常用的电气符号及对应名称

电气符号	名称	电气符号	名称
	蓄电池		起动机
	发电机		喇叭
	可加热后窗玻璃		火花塞
	电磁阀		天线
	导线屏蔽		爆震传感器
	机械开关		压力开关
	多挡手动开关		继电器
	电阻器		可变电阻器

续表

电气符号	名称	电气符号	名称
	熔断器		线圈
	手动开关		点烟器
	发光二极管		双丝灯泡
	电动机		氧传感器
	元件上的插头连接		线束上插头连接

2. 导线标注

在电路原理图中，一般要对导线的线径、颜色甚至所属的电气系统作出标注。其中线径一般用数字表示，数字大小代表导线的横截面积。

2.1.2 汽车熔断器

1. 熔断器的作用

汽车熔断器的用途与家中熔断器的作用大同小异，当电路电流异常并超过其额定电流时熔断，起到电路保护的作用。熔断器实物如图 2-1 所示。

图 2-1 熔断器

2. 熔断器按电流分类

常用熔断器有高电流熔断器和中低电流熔断器，一般较容易接触到的为中低电流熔断器，主要为辅助车上用电器工作的继电器熔断器。中低电流熔断器大致可分为片式熔断器（包括自动熔断器和迷你熔断器）、插入式熔断器、旋紧式熔断器、管式熔断器和平板式熔断器，如图 2-2 和图 2-3 所示。

图2-2　车辆中常见中低电流熔断器

图2-3　中号和小号片式熔断器

3. 片式熔断器的结构

片式熔断器内的导体由类似于焊料的金属制成，它比普通导线的熔点低。该导体的尺寸要通过非常精确的校准，以便在达到额定电流时，能够产生足够的热量熔断该导体，断开电路，片式熔断器结构如图2-4所示。

4. 熔断器的规格

汽车熔断器的规格一般为2～40A，其安培数值会在熔断器的顶端标注，如图2-5所示。如果熔断器烧坏，安培数值无法辨认时，还可以通过它的颜色来判断，国际标准上：2A 灰色、3A 紫色、4A 粉色、5A 橘黄、7.5A 咖啡色、10A 红色、15A 蓝色、20A 黄色、25A 无色透明、30A 绿色、40A 深橘色，如图2-6所示。

图2-4　片式熔断器结构

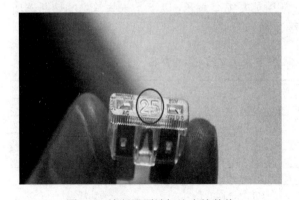

图2-5　熔断器顶端标注安培数值

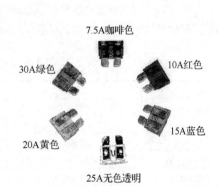

图2-6　不同颜色熔断器

5. 熔断器盒的位置

由于汽车上的零部件和电子设备很多，而且每个设备都会装有熔断器，因此为了便于日后的维修，每辆车在设计时便把汽车熔断器都集中设计在一个地方，而这个地方被称为熔断器盒。

一般汽车上都有两个熔断器盒，一个负责汽车外部电器，如 ECU、玻璃水、车灯、喇叭、ABS 等电路的安全保护，位于发动机舱内，一般在蓄电池附近，如图 2-7 所示；而另外一个负责车内电器如点烟器、车窗升降器、电动座椅和安全气囊等的正常工作，一般位于驾驶室内方向盘的左侧位置，如图 2-8 所示。

图 2-7　发动机舱内熔断器盒

图 2-8　驾驶室内熔断器盒

2.1.3　汽车熔断器英文缩写

一些进口车上的熔断器所指代的零件常常用英文缩写表示，以下是一些常见的熔断器所指代的零件英文缩写及中文名，如表 2-2 所示。

表 2-2　汽车常见熔断器指代零件英文缩写及中文名

英文缩写	中文名	英文缩写	中文名
MIR DEFG	车外后视镜除雾器	RR DEFG	后除雾继电器
T/SIG	驻车/空挡位置以及倒车灯开关	PWRLK	门锁继电器
WIPER	雨刮/清洗器开关	HDLTS	大灯继电器，日行灯模块
MEM SEAT	座椅调节开关存储模块	H/LAMP HILH	左远光灯
CCM IGN3	遥控门锁接收器以及防盗模块	H/LAMP HIRH	右远光灯
A/C COMP	空调压缩机继电器	H/LAMP LOLH	左近光灯
HORN	喇叭继电器	H/LAMP LORH	右近光灯
HAZARD LTS	危险警告灯闪烁器	ROOM LAMP	阅读灯
PWR MIR	外后视镜	FOG LAMP	雾灯
CORNR LTS	组合开关/音响控制	METET LAMP	仪表灯
I/P DIM LTS	大灯开关	TURN SIGNAL	转弯灯
STOP LTS	刹车灯开关	POWER WINDOW	电动车窗
TAIL LTS	后尾灯和牌照灯	IGN SW	点火开关

2.1.4　熔断器盒（以丰田卡罗拉为例）

1. 熔断器盒位置

如果有任何电气部件不工作，则某个熔断器可能已熔断。此时，需进行检查必要时更换熔断器。熔断器盒的位置，如图2-9～图2-11所示。

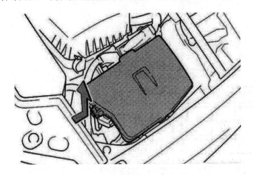

图2-9　发动机舱内

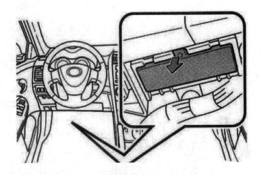

图2-10　驾驶侧仪表板（A型）

2. 熔断器拔出工具

熔断器拔出工具如图2-12所示。

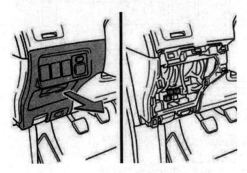

图2-11　驾驶侧仪表板（B型）

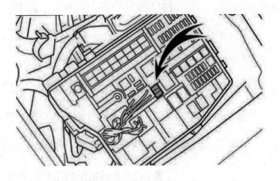

图2-12　熔断器拔出工具

3. 熔断器的检查

检查熔断器是否已经损坏，其中（a）为正常熔断器，（b）为损坏熔断器，A、B、C、D四种类型熔断器正常及损坏状态如图2-13～图2-16所示。

（a）

（b）

图2-13　A型熔断器

（a）

（b）

图2-14　B型熔断器

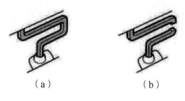

（a）　　　　　　　（b）

图 2-15　C 型熔断器

（a）　　　　　　　（b）

图 2-16　D 型熔断器

4. 熔断器的分布及额定电流值

1）发动机舱内熔断器分布如图 2-17 所示。

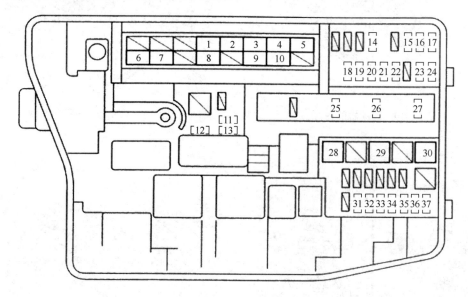

图 2-17　发动机舱内熔断器分布

2）发动机舱内熔断器的名称、额定电流值、所在电路及元件，如表 2-3 所示。

表 2-3　发动机舱内熔断器名称、额定电流值、所在电路及元件

	熔断器	额定电流值	所在电路及元件
1	大灯清洗器	30A	大灯清洗器
2	散热器风扇	40A	电动冷却风扇
3	防抱死制动系统 NO.3	30A	防抱死制动系统、车辆稳定控制系统
4	防抱死制动系统 NO.1	50A	防抱死制动系统、车辆稳定控制系统
5	加热器	50A	空调系统
6	发电机	120A	充电系统、散热器风扇、防抱死制动系统 NO.1、防抱死制动系统 NO.3、副加热器 NO.1、副加热器 NO.2、副加热器 NO.3、仪表板的所有熔断器
7	电动助力转向	60A	电动转向

	熔断器	额定电流值	所在电路及元件
8	P-系统	/	无电路
9	功率集成	50A	电子燃油喷射器、喇叭、点火开关 2
10	大灯	50A	大灯近光 左、大灯近光 右、大灯远光 左、大灯远光 右
11	备用	10A	备用熔断器
12	备用	30A	备用熔断器
13	备用	20A	备用熔断器
14	电子控制单元-B NO.2	10A	空调系统、智能进入和起动系统
15	电子控制单元-B	10A	主车身 ECU、仪表、车辆稳定控制系统、电动门锁系统、电动车窗
16	收音机 NO.1	15A	音响系统、导航系统
17	室内灯	10A	车内灯、后备厢灯、梳妆灯、智能进入和起动系统、无线遥控、门控灯
18	AM2 NO.2	7.5A	主车身 ECU、多点式燃油喷射系统/顺序多点式燃油喷射系统
19	发电机-感应	7.5A	充电系统
20	转向警告灯	10A	转向信号灯、危险警告灯
21	电子节气门控制系统	10A	电子节气门控制系统
22	AM2	30A	起动系统
23	转向锁	20A	转向器锁定系统
24	点火器/喷油器	/	无电路
25	电子燃油喷射器	20A	多点式燃油喷射系统/顺序多点式燃油喷射系统、电子燃油喷射器 NO.1、电子燃油喷射器 NO.2
26	喇叭	10A	喇叭
27	点火开关 2	15A	多点式燃油喷射系统/顺序多点式燃油喷射系统、起动系统、点火器、仪表
28	副加热器 NO.1	30A	PTC 加热器
29	副加热器 NO.1	30A	PTC 加热器
30	副加热器 NO.1	30A	PTC 加热器
31	点火开关 2 NO.2	7.5A	起动系统
32	电子燃油喷射器 NO.2	10A	多点式燃油喷射系统/顺序多点式燃油喷射系统
33	电子燃油喷射器 NO.1	10A	多点式燃油喷射系统/顺序多点式燃油喷射系统
34	大灯远光 右	10A	右侧前照灯（远光）
35	大灯远光 左	10A	左侧前照灯（远光）
36	大灯近光 右	10A	右侧前照灯（近光）
		15A	右侧前照灯（近光）氙气大灯
37	大灯近光 左	10A	左侧前照灯（近光）
		15A	左侧前照灯（近光）氙气大灯

3）仪表板底部（A型）熔断器分布，如图2-18所示。

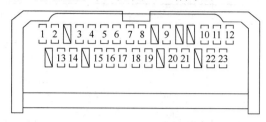

图2-18　仪表板底部（A型）熔断器分布

4）仪表板底部（A型）熔断器的名称、额定电流值、所在电路及元件，如表2-4所示。

表2-4　仪表板底部（A型）熔断器的名称、额定电流值、所在电路及元件

	熔断器	额定电流值	所在电路及元件
1	尾灯	10A	前示廓灯、尾灯、牌照灯、后雾灯、前雾灯、前照灯光束方向手动调整旋钮、多点式燃油喷射系统/顺序多点式燃油喷射系统、仪表板照明灯
2	仪表板	7.5A	开关照明灯、仪表板照明灯、杂物箱灯、方向盘功能按钮、主车身ECU
3	前车门	20A	电动车窗
4	左后车门	20A	电动车窗
5	右后车门	20A	电动车窗
6	天窗	20A	电动天窗
7	点烟器	15A	点烟器
8	电子控制单元附件	7.5A	外后视镜、音响系统、导航系统、主车身ECU、智能进入和起动系统
9	后视镜加热器	10A	外后视镜除雾器、多点式燃油喷射系统/顺序多点式燃油喷射系统
10	后雾灯	7.5A	后雾灯
11	点火器	7.5A	转向器锁定系统、SRS空气气囊系统、多点式燃油喷射系统/顺序多点式燃油喷射系统、智能进入和起动系统
12	仪表	7.5A	仪表
13	加热器-点火开关	10A	空调系统、后车窗除雾器、电动加热器
14	刮水器	25A	风挡玻璃刮水器
15	喷洗器	15A	风挡玻璃喷洗器
16	电子控制单元-点火开关NO.1	10A	自动前照灯光束方向调整系统、主车身ECU、电动转向、电动冷却风扇、换挡锁定控制系统、防抱死制动系统、车辆稳定控制系统、音响系统、导航系统、多点式燃油喷射系统/顺序多点式燃油喷射系统、智能进入和起动系统、大灯清洗器
17	电子控制单元-点火开关NO.2	10A	倒车灯、充电系统、电动天窗、后车窗除雾器、空调系统、前排乘员座椅安全带提示灯
18	车载诊断系统	7.5A	车载诊断系统
19	制动灯	10A	制动灯、高位制动灯、防抱死制动系统、车辆稳定控制系统、多点式燃油喷射系统/顺序多点式燃油喷射系统、换挡锁定控制系统
20	车门	25A	电动门锁系统
21	电子控制单元附件-B	25A	点烟器、电子控制单元附件
22	前雾灯	15A	前雾灯
23	AM1	7.5A	起动系统

5）仪表板底部（B 型）熔断器分布如图 2-19 所示。

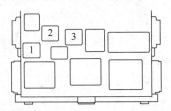

图 2-19　仪表板底部（B 型）熔断器分布

6）仪表板底部（B 型）熔断器的名称、额定电流值、所在电路及元件，如表 2-5 所示。

表 2-5　仪表板底部（B 型）熔断器的名称、额定电流值、所在电路及元件

	熔断器	额定电流值	所在电路及元件
1	电源	30A	电动车窗
2	除雾器	40A	后车窗除雾器、后视镜加热器
3	电动座椅	30A	电动座椅

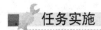任务实施

2.1.5　汽车上熔断器认识

1. 找到车辆熔断器盒

车辆熔断器盒如图 2-20 所示。

认识汽车熔断器

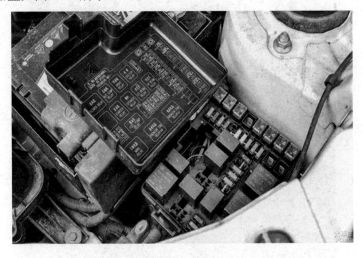

图 2-20　熔断器盒

2. 查看熔断器标识

熔断器标识如图 2-21 所示。

图 2-21　熔断器标识

3．通过标识查看对应的熔断器

熔断器盒图例与熔断器对应图如图 2-22 所示。

图 2-22　熔断器盒图例与熔断器对应图

2.1.6 熔断器通断的检测

1. 肉眼直观判断

大部分可以用直观的方法判断，只要看到熔断器两插片之间的熔体已经断开就要更换。

2. 万用表电阻挡测量

一些汽车熔断器使用的材料不是很好，透明度不足，或者熔断器表面有磨损，此时可以选用万用表电阻挡进行检测。

熔断器的检查与更换

2.1.7 熔断器的更换

步骤	作业内容	操作图片
1	前期准备： 领取一定数量的不同规格熔断器	
2	车辆防护： 确认点火开关置于 OFF 位置，安装地板垫，安装座椅套，安装转向盘套，拉起发动机舱盖释放杆	
3	熔断器的识别： 第一步：找到熔断器盒位置 发动机舱内的熔断器盒一般在车辆的发动机舱边缘； 驾驶室内的熔断器盒一般位于中控台靠近车门的一侧或在方向盘的下面 第二步：查阅熔断器表找到熔断器位置 在熔断器盒盖子内的熔断器对照表中查找到相应的熔断器位置	熔断器盒内部有相对应熔断器的代码位置说明

步骤	作业内容	操作图片
3	第三步：对照图例找到熔断器实际位置 对照熔断器具体位置图找到相应熔断器在车内的实际位置 注意：将熔断器盒盖和熔断器盒并排放在一起就能找到相应的熔断器位置了	
4	熔断器的检查： 第一步：肉眼直观判断 大部分熔断器可以用直观的方法判断，只要看到里面的熔断器两插片之间的熔体已经断开就要更换 第二步：万用表电阻挡测量 一些汽车熔断器使用的材料不是很好，透明度不足，或者熔断器表面有磨损，此时可以选用万用表电阻挡进行检测	
5	熔断器的更换： 第一步：拔出熔断器 利用汽车配备的专用工具拔出相应的熔断器 注意：安装熔断器专用的夹子并不固定，可能在熔断器盒内，也可能在熔断器盒外 第二步：安装熔断器 目前车辆使用的插片式熔断器没有正负极之分，因此在更换熔断器时只要注意熔断器大小和额定电流就可以	

任务评价表

熔断器的检测与维护任务评价表

姓名：	班级：		学号：		日期：	
序号	学习目标		学习目标达成情况			
			能	不能	不能达成的原因	
1	掌握汽车常用电气符号的含义					
2	掌握熔断器的作用、安装位置及规格					
3	掌握熔断器的检查方法					
4	能识别熔断器的不同规格					
5	能正确进行熔断器的检测					
6	能正确进行熔断器的更换					

任务 2.2　继电器的检测与维护

情境描述

　　近日小王所在的 4S 店接到一位车主的电话，该车主反映他的爱车刚启动又自动熄火了，接着就无法启动。随后小王带着检修设备与工具前去救援，经过一番检查后发现在打开点火开关 3~5s 内未听到燃油泵和燃油泵继电器工作的声音，并检查了燃油泵控制电路中的相关熔断器，均正常，现怀疑是燃油泵继电器故障，因此需要对其进行检查，必要时进行更换。

学习目标

※知识目标： 理解继电器的作用及组成。

理解继电器的工作原理。

理解继电器的检测方法。

※技能目标： 能识别继电器的不同类型。

能正确进行继电器的检测。

能正确进行继电器的更换。

※素质目标： 通过正确检测继电器，培养学生安全、细致的工作态度。

通过正确更换继电器，培养学生规范、严谨的工作意识。

通过实践操作，培养学生对职业的热情。

任务结构

```
            继电器的检测与维护
        ┌───────────┴───────────┐
     知识储备                 任务实施
     一、继电器的作用          一、汽车上继电器的典型应用
     二、继电器的结构          二、常用汽车继电器性能的判断
     三、继电器的工作原理       三、继电器工作性能的检测
     四、继电器的应用
     五、继电器的常见故障
```

知识储备

2.2.1 继电器的作用

继电器是一种利用小电流控制大电流的电动开关。车辆的发动机、车身等电子控制系统中都大量使用了继电器，是汽车使用最多的电子元器件之一，各类继电器外形如图 2-23 所示。

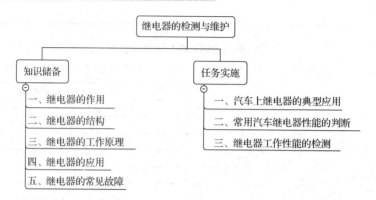

图 2-23　各类继电器外形

2.2.2 继电器的结构

继电器有两个主要部分：线圈和触点，其结构示意图如图 2-24 所示。继电器中的线圈起到控制作用；触点的状态取决于线圈是否产生磁场。当触点闭合后，被控制的用电设备开始工作，图 2-24 中 85 和 86 端子是线圈，属于控制部分；87 和 30 端子是触点，属于被控制部分（即输出端）。

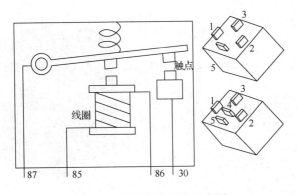

图 2-24　继电器的结构示意图

2.2.3　继电器的工作原理

继电器主要应用的是电磁效应，线圈供电后产生的磁场使触点闭合。

1.　四脚继电器的工作原理

车辆继电器多为四脚，工作原理示意图如图 2-25 所示。当开关闭合后电流从蓄电池正极经过继电器的 85 线圈端子从 86 流回蓄电池的负极，线圈两端就会产生磁场。线圈产生磁场后，就会吸引触点的 87 和 30 端子，使继电器的触点闭合，从而实现小电流控制大电流。

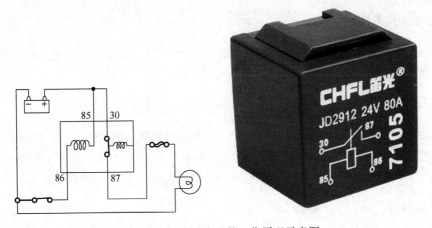

图 2-25　四脚继电器的工作原理示意图

2.　五脚继电器的工作原理

五脚继电器工作原理与四脚继电器基本相同，工作原理示意图如图 2-26 所示。在继电器不工作的时候有一个触点一直处于常闭状态，当继电器线圈 85 和 86 端子通电后，线圈吸引触点从 87a 端子运动到 87 端子，使 30 端子与 87 端子接通，所以五脚继电器也称为枢纽继电器，可以起到一个转换的功能。

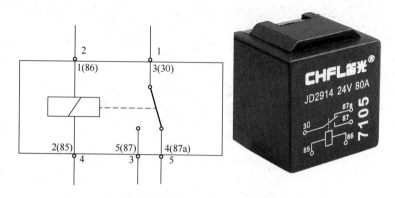

图 2-26　五脚继电器的工作原理示意图

2.2.4　继电器的应用

继电器在汽车电路中的应用非常广泛。如起动系统电路、雨刮器电路、后窗加热电路等。车辆启动时需要大的启动电流，如果使用点火开关直接控制大电流经过，启动触点会出现触点打火、烧蚀等现象，影响点火开关使用寿命甚至会造成线路烧蚀、起火等严重后果。使用继电器以小电流控制大电流则不会出现以上问题。

2.2.5　继电器的常见故障

1．继电器线圈烧坏

为了防止这种情况发生，在进行维修、保养及电焊时，如果温度可能超过 80℃，应当拆下对温度比较敏感的继电器和电控单元。

2．触点烧蚀

金杯海狮轿车（采用 491Q—ME 发动机）空调冷凝器风扇的继电器，正好处在坡璃清洗喷水管的下方，若该喷水管破裂，清洗液将泄漏到继电器上，使继电器的常开触点锈蚀而不能断开，会导致空调冷凝器风扇常转不停的故障。因此，应当严防继电器进水。

3．匝间短路

主要是由电磁线圈绕组表面的绝缘层老化、破裂造成。

■🔧 **任务实施**

2.2.6　汽车上继电器的典型应用

汽车上继电器的典型应用如图 2-27 所示。

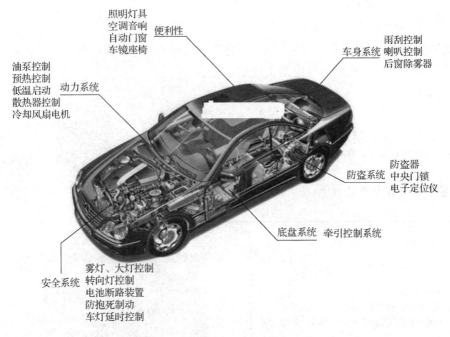

图 2-27　汽车上继电器的典型应用

汽车上常见的继电器有电源继电器、预热继电器、前照灯继电器、雾灯继电器、启动继电器、喇叭继电器、鼓风机继电器、空调继电器、电动窗继电器等。多数继电器放置在熔断器盒内如图 2-28 所示，还有一部分继电器随系统的线束而定。

图 2-28　熔断器盒内的继电器

2.2.7　常用汽车继电器性能的判断

1. 摸或听

接通开关然后用耳朵或听诊器倾听控制继电器内有无"嗒"的吸合声，或者用手感受一下继电器有没有振动感，如果有，则说明继电器工作基本正常，用电器不工作是由其他原因引起的，否则说明该继电器工作失常。

2. 换

把要检测的继电器拔下来，换一个相同的工作正常的继电器后打开开关，如果该用电设备工作正常即可判断要检测的继电器工作正常与否。

3. 测

用万用表电阻挡测量继电器各个针脚之间的导通情况，该导通的应导通，该断开的应断开，否则说明继电器有问题。

继电器开路检查　继电器加电检查

2.2.8 继电器工作性能的检测

步骤	作业内容	操作图片
1	前期准备： 第一步：辅料准备 领取一定数量的黑色和红色导线，将它们整齐地放置于工具车上 注意：拿取过程中不要掉落	
	第二步：检测仪器准备 领取万用表，并将其放置于工具车上 注意：拿取过程中不要掉落	
2	识别并取下燃油泵继电器： 将点火开关置于 OFF（关闭）位置 正确从"熔断器、继电器盒"中取下燃油泵继电器 注意：有些车型的继电器有卡扣固定，严禁野蛮操作	

续表

步骤	作业内容	操作图片
3	开路检查： （1）用万用表电阻挡测量继电器端子85和86之间的电阻值应在70～110Ω范围内，如果小于70Ω或大于110Ω，则说明该继电器损坏 （2）用万用表电阻挡测量继电器端子30和85、30和86、30和87、85和87应均为∞，否则说明该继电器损坏	
4	加电检查： 在继电器端子85与86之间加12V电源，用万用表检查端子30和87应导通	

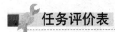
任务评价表

继电器的检测与维护任务评价表

姓名：　　　　　班级：　　　　　学号：　　　　　日期：

序号	学习目标	学习目标达成情况		
		能	不能	不能达成的原因
1	理解继电器的作用及组成			
2	理解继电器的工作原理			
3	理解继电器的检测方法			
4	能识别继电器的不同类型			
5	能正确进行继电器的检测			
6	能正确进行继电器的更换			

项目 3 汽车电源及起动系统的检测与维护

汽车在使用过程中，有时会出现启动时仪表盘指示灯闪烁不停、行驶的过程中仪表盘内的充电指示灯点亮、启动时起动机不运转等现象，这些现象表明汽车电源系统或起动系统可能存在故障。通过本项目的学习，学生能够掌握汽车电源及起动系统的相关知识和必备技能，从而能够更好进行故障的检修与排除。

知识目标

1. 掌握汽车电气设备的组成、电源系统及蓄电池的作用。
2. 掌握交流发电机的作用、类型、结构及工作原理。
3. 掌握起动系统的作用、组成。
4. 掌握起动机的类型、结构和工作原理。

能力目标

1. 能够识别蓄电池的安装位置及类型。
2. 能够进行蓄电池的使用、维护和技术状况的检测。
3. 能够进行跨接启动车辆和蓄电池的更换。
4. 能够分析充电指示灯的控制电路，并进行电源系统工作状态的检测。
5. 能够正确进行起动系统部件的性能检测。

素质目标

1. 通过正确检查蓄电池、发电机、起动机，培养学生安全、细致的工作态度。
2. 通过实车相关故障的检测与排除，培养学生严谨、规范的工作意识。
3. 通过理实一体化项目教学，培养学生的工匠精神和职业热情。

任务 3.1　蓄电池的检测与维护

情境描述

　　小王在某汽车 4S 店做维修接待。有一天刚上班，客户李先生就打电话来咨询，他的雪佛兰科鲁兹汽车在早上启动时，只听见起动机有轻微的"呐呐"声而车辆无法启动，并且喇叭声音也很小，李先生家离 4S 店的距离为 10km 左右。

　　如果你是小王，请你与维修救援小组共同做好李先生车辆的接待，准备好备用蓄电池及工具，为李先生汽车的蓄电池实施检测，并解答李先生关于车辆蓄电池使用、检查及更换的相关问题。

学习目标

※知识目标：理解汽车电气设备的组成。
　　　　　　理解电源系统的作用。
　　　　　　理解蓄电池的用途。

※技能目标：能识别蓄电池的安装位置及类型。
　　　　　　能正确进行蓄电池的使用、维护与更换。
　　　　　　能正确进行蓄电池状况的检测。
　　　　　　能正确进行跨接启动车辆。

※素质目标：通过正确进行蓄电池的维护及检测，培养学生安全、细致的工作态度。
　　　　　　通过正确更换蓄电池，培养学生规范、严谨的工作意识。
　　　　　　通过实践操作，培养学生对职业的热情。

任务结构

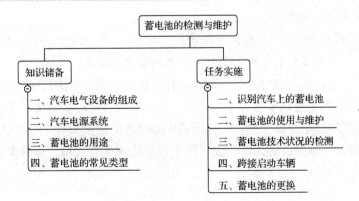

■ **知识储备**

3.1.1 汽车电气设备的组成

汽车电气设备一般由电源、用电设备、电路及配电装置三部分组成，如图 3-1 所示。

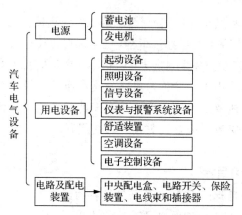

图 3-1 汽车电气设备的组成

1. 电源

电源主要包括蓄电池和发电机。发电机是主要电源，蓄电池是辅助电源。发电机与蓄电池并联，发电机不工作时，由蓄电池供电，发电机启动后，主要由发电机供电。

2. 用电设备

汽车上用电设备较多，大致包括以下几部分。

1）起动设备：用于启动发动机。

2）照明设备：包括车内外各种照明灯，用来保证夜间安全行车所必需的灯光，其中前照灯最为重要。

3）信号设备：包括灯光信号和声音信号，用来提供车辆安全运行所必需的信号。主要装置为电喇叭及各种信号灯。

4）仪表与报警系统设备：包括常见指示表及报警灯，为驾驶员提供车辆运行状况信息，中控仪表台上有对汽车运行状态进行调节和控制的装置。例如，定速巡航、电子稳定、车道保持、抬头显示、发动机起停等，它们可以减轻驾驶员疲劳，提高驾驶安全性、舒适性。

5）舒适装置：包括电动车窗、中控门锁、电动座椅、电动后视镜、风窗刮水器及洗涤装置等。为适应驾驶舒适性的需要，车身附属电器设备的数量和类型还在增加。

6）空调设备：包括制冷、采暖、通风和空气净化等装置，用于保持车内适宜的温度、湿度和空气清新。

7）电子控制设备：利用微机控制的各个系统，包括网络系统、电子控制点火系统、安全气囊系统、防盗系统等。它们使汽车上各个系统均处于较好的工作状态，从而提高车辆动力性、经济性、安全性及舒适性。

3．电路及配电装置

包括中央配电盒、电路开关、保险装置、电线束和插接器等，使汽车电路构成一个统一的整体。

3.1.2 汽车电源系统

汽车电源系统的作用是向整车用电设备提供电能，给蓄电池充电。汽车电源系统主要由蓄电池、发电机、仪表盘（充电指示灯）和点火开关等组成，如图 3-2 所示。其中发电机是主要电源，蓄电池是辅助电源，充电指示灯用来指示蓄电池充放电状况。在汽车上，蓄电池和发电机是并联的，启动时，蓄电池向起动机供电；启动后，发动机正常工作，发电机向用电设备供电并向蓄电池充电，汽车电源系统电路原理图如图 3-3 所示。

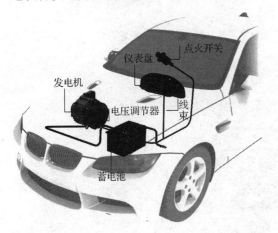

图 3-2 汽车电源系统组成

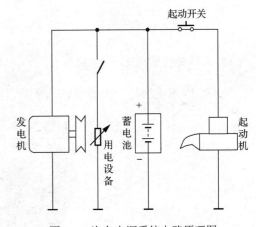

图 3-3 汽车电源系统电路原理图

3.1.3 蓄电池的用途

1）在启动发动机时，向起动系统、点火系统、燃油喷射系统和其他电气设备供电。

2）当发电机电压低于蓄电池电压时，向用电设备和发电机磁场绕组供电。

3）当取下汽车钥匙时，由蓄电池向时钟、发动机及车身 ECU 存储器、电子音响系统及防盗报警系统等供电。

4）发电机过载时，协助发电机向用电设备供电。

5）在发电机正常工作时，将发电机剩余电能储存起来。

6）蓄电池相当于一个大电容器，能吸收电路中出现的瞬时过电压，保护电子元件，保持汽车电气系统电压稳定。

3.1.4 蓄电池的常见类型

1. 普通铅酸蓄电池

普通铅酸蓄电池需加电解液再经充电后才能使用，如图 3-4 所示。

2. 免维护蓄电池

免维护蓄电池在合理使用过程中不需添加蒸馏水，同时电桩腐蚀轻，内阻小，自行放电少，低温启动性能好，比常规蓄电池使用寿命长，如图 3-5 所示。

图 3-4　普通铅酸蓄电池

图 3-5　免维护蓄电池

3. 玻璃纤维蓄电池（AGM）

玻璃纤维蓄电池是一种采用玻璃纤维隔板的铅蓄电池，如图 3-6 所示。

图 3-6　玻璃纤维蓄电池（AGM）

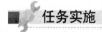 **任务实施**

3.1.5 识别汽车上的蓄电池

步骤	作业内容	操作图片
1	识别发动机舱内的蓄电池	车辆蓄电池

续表

步骤	作业内容	操作图片
2	识别后备厢内的蓄电池	

蓄电池的使用与维护

3.1.6　蓄电池的使用与维护

步骤	作业内容	操作图片
1	启动要求： 使用起动机时，每次启动的时间不得超过5s，如果一次未能启动发动机，应间隔15s以上第二次启动，连续三次启动不成功，应查明原因，排除故障后再启动发动机	
2	使用要求： 未启动发动机时，尽量不要长时间使用大功率用电设备，如大灯、音响设备和空调等	
3	对蓄电池进行拆下充电： ① 拆卸蓄电池 ② 连接充电器，红色线连接蓄电池正极，黑色线连接蓄电池负极 ③ 蓄电池充电分为定流充电和定压充电两种	
	对蓄电池进行就车充电： ① 断开蓄电池负极 ② 连接充电器，红色线连接蓄电池正极，黑色线连接蓄电池负极 ③ 打开充电机电源开始充电，当电流小于2A时，充电结束	

3.1.7 蓄电池技术状况的检测

步骤	作业内容	操作图片
1	蓄电池的常规检查： ① 检查蓄电池安装是否牢固，有没有松动 ② 检查蓄电池壳体有没有破损，电解液有没有泄漏 ③ 检查蓄电池接线柱和桩头是否连接松动 ④ 检查蓄电池桩头有没有被氧化腐蚀，表面是否清洁干燥 ⑤ 检查电解液液位是否位于上下刻度线之间	
2	通过观察孔判断： 汽车蓄电池上一般都有一个观察孔，又叫"电眼"，不同厂家蓄电池电眼颜色可能不一样，大多数分为绿色、黑色和白色，其中绿色表示电量充足，黑色表示需要充电，白色表示需要更换电瓶	
3	用万用表测量蓄电池端电压： ① 关闭点火开关，将万用表的红色鳄鱼夹和蓄电池的正极相连，黑色鳄鱼夹和蓄电池的负极相连，此读数为蓄电池的端电压 ② 在车辆未启动情况下，此电压应接近 12.5V ③ 在车辆启动情况下，此电压应接近 14.5V	

步骤	作业内容	操作图片
4	用高功率放电计测量蓄电池端电压： ① 关闭点火开关，将高功率放电计的红色鳄鱼夹和蓄电池的正极相连，黑色鳄鱼夹和蓄电池的负极相连。按压高功率放电计测试开关保持5～10s后放开，等到测试以上的指针静止不动后读出读数，此读数为蓄电池的端电压 ② 如电压＞11.5V表明蓄电池良好 ③ 如电压在9.5V～11.5V，则蓄电池较好 ④ 如电压＜9.5V，则说明蓄电池需要充电或存在故障	

3.1.8　跨接启动车辆

步骤	作业内容	操作图片
1	前期准备： ① 打开缺电车辆引擎盖，准备好电缆线 ② 将应急救援的车辆停在缺电车辆的旁边并熄火 ③ 打开应急救援车辆的引擎盖，区分蓄电池的正、负极	
2	连接电缆线： ① 将红色跨接导线连接至缺电车辆蓄电池的正极接线柱 ② 将红色跨接线的另一端连接到救援车辆蓄电池的正极接线柱上 ③ 将黑色跨接导线连接至救援车辆蓄电池的负极接线柱 ④ 将黑色跨接导线另一端连接至缺电车辆接地点，比如发动机缸体或发动机固定螺栓。连接时尽可能远离缺电车辆的蓄电池	

3.1.9 蓄电池的更换

步骤	作业内容	操作图片
1	拆卸蓄电池： ① 断开蓄电池负极电缆 ② 为了防止短路，包住蓄电池负极桩头或电缆 ③ 松开并取下正极接线柱 ④ 松开蓄电池固定装置螺栓，取下固定支架，取下蓄电池	
2	安装蓄电池： ① 将新蓄电池放回车内并调整至合适位置，安装固定支架，摇晃蓄电池确定安装是否牢固 ② 安装蓄电池正极电缆 ③ 取下包住桩头的布 ④ 安装蓄电池负极电缆	
3	启动发动机： 启动发动机，检查蓄电池工作是否正常	

任务评价表

蓄电池的检测与维护任务评价表

姓名：		班级：		学号：		日期：	
序号	学习目标			学习目标达成情况			
				能	不能	不能达成的原因	
1	理解汽车电气设备的组成						
2	理解电源系统的作用						
3	理解蓄电池的用途						
4	能识别蓄电池的安装位置及类型						
5	能正确进行蓄电池的使用与维护						
6	能正确进行蓄电池技术状况的检测						
7	能正确跨接启动车辆						
8	能正确进行蓄电池的更换						

任务 3.2 交流发电机的检测与维护

情境描述

小王在某汽车4S店做维修接待。有一天下午，客户李先生打电话来咨询，他的雪佛兰科鲁兹汽车仪表板上充电指示灯亮了，汽车是否还能正常使用。

如果你是小王，请你负责该车辆的接待，为李先生介绍发电机的作用及工作原理，完成李先生汽车电源系统的基本检查，并与李先生完成发电机使用、检查相关问题的沟通。

学习目标

※知识目标：理解交流发电机作用。

理解交流发电机类型。

理解交流发电机结构。

理解交流发电机工作原理。

※技能目标：能分析交流发电机充电指示灯的控制电路。

能正确使用交流发电机。

能正确进行电源系统工作状态的检测。

※素质目标：通过正确使用发电机，培养学生安全、细致的工作态度。

通过正确进行电源系统工作状态的检测，培养学生规范、严谨的工作意识。

通过实践操作，培养学生对职业的热情。

任务结构

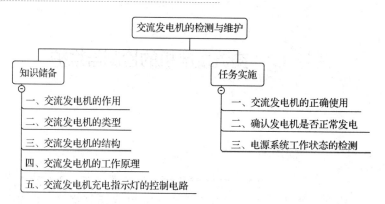

知识储备

3.2.1 交流发电机的作用

交流发电机是汽车的主要电源，其作用是在发动机正常工作时，向用电设备供电；当蓄电池存电量不足时，向蓄电池及时充电，如图 3-7 所示。

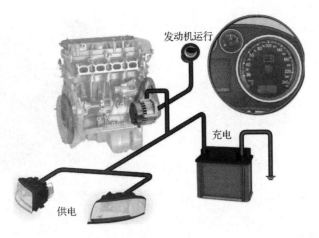

图 3-7　交流发电机的作用

3.2.2　交流发电机的类型

1）普通交流发电机，使用时需要配装电压调节器，如图 3-8 所示。

2）整体式交流发电机，调节器采用电子元件集成，安装在发电机内部，如图 3-9 所示。随着汽车车载网络技术的发展，整体式交流发电机中电压调节控制采用了 LIN 线控制，称为 LIN 线控制的交流发电机。

3）带泵交流发电机，和汽车制动系统中的真空助力泵安装在一起，多用于柴油车，如图 3-10 所示。

图 3-8　普通交流发电机　　　图 3-9　整体式交流发电机　　　图 3-10　带泵交流发电机

4）无刷交流发电机，无电刷和滑环结构，减少了电刷磨损，如图 3-11 所示。

5）永磁交流发电机，转子磁极采用永磁材料制作，无转子线圈，结构简单，如图 3-12 所示。

目前在汽车上广泛使用整体式交流发电机和无刷交流发电机。

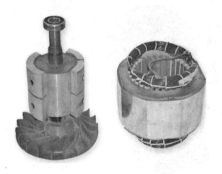

图 3-11 无刷交流发电机

图 3-12 永磁交流发电机

3.2.3 交流发电机的结构

目前国内外生产的汽车交流发电机结构基本相同，主要由转子、定子、电刷与电刷架、整流器、电子调节器、风扇、皮带轮和前后端盖等组成，如图 3-13 所示。

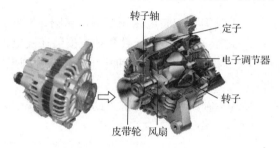

图 3-13 交流发电机的结构

在发电机的后端盖上装有电刷架和电刷，电刷装在电刷架的孔内。电刷将直流电引入转子。发动机通过皮带带动皮带轮旋转，转子被带动旋转，在转子上产生交变的磁场。依据电磁感应，在定子上产生交流电动势，通过整流器后转变为直流电。电压调节器将发电机输出的电压调节到规定范围内。在发电机工作时风扇随皮带轮旋转，强制通风，对发电机进行冷却。整体式交流发电机的内部结构如图 3-14 所示。

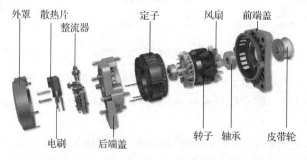

图 3-14 整体式交流发电机的内部结构

交流发电机的工作原理

3.2.4　交流发电机的工作原理

1. 发电原理

交流发电机产生交流电的基本原理是电磁感应原理，交流发电机工作原理电路如图 3-15 所示。当励磁绕组中有电流通过时，便产生磁场，而当产生磁场的转子旋转时，磁力线和定子绕组之间产生相对的切割运动，在定子绕组内便会产生交流感应电动势。感应电动势的大小与每相绕组串联的匝数及转子的转速有关，即匝数越多，转速越高，感应电动势越大。

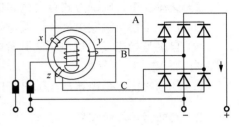

图 3-15　交流发电机工作原理电路

2. 整流原理

整流器是利用二极管的单向导电性，将交流电转换为直流电。

如图 3-16（a）是以 6 个二极管构成的三相桥式整流电路，其中 3 个二极管（VD_1、VD_3、VD_5）的负极连接在一起，在某一瞬间，正极电位最高的二极管导通；而 3 个二极管（VD_2、VD_4、VD_6）的正极连接在一起，在某一瞬间，负极电位最低的二极管导通。所以每个时刻都有 2 个二极管同时导通，同时导通的 2 个二极管总是将发动机的电压加在负载的两端。定子绕组输出的三相交流电波形图如图 3-16（b）所示，经过三相桥式整流电路之后，变为直流电的波形图，如图 3-16（c）所示。

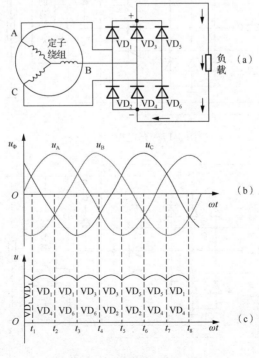

图 3-16　三相桥式整流电路

3.2.5 交流发电机充电指示灯的控制电路

1. 发电机励磁方式

1）励磁是将电源引入到磁场绕组使之产生磁场的过程。

2）交流发电机励磁方式有自励和他励两种。

① 他励是指交流发电机开始发电时，由蓄电池供给励磁电流。

② 自励是指当发电机电压达到蓄电池电压时，由发电机自己供给励磁电流，即由他励转为自励。

③ 他励的优点是由蓄电池励磁可以较快进入自励状态。

2. 充电指示灯的控制电路

他励过程：在发动机启动期间，需要蓄电池供给发电机磁场电流，励磁绕组产生磁场，从而生磁使发电机发电，此时充电指示灯点亮，如图 3-17 所示。

自励过程：随转速提高，发电机电动势逐渐升高并对外输出电能（一般怠速时发电机就能对外供电）。当发电机能对外供电时，就可以把自身发的电供给磁场绕组生磁发电，此时充电指示灯熄灭，如图 3-18 所示。

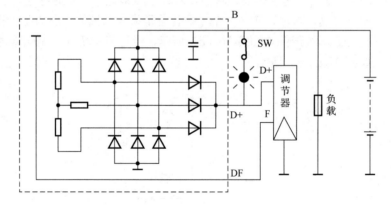

图 3-17　充电指示灯点亮

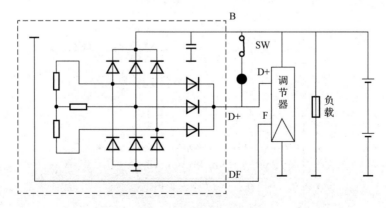

图 3-18　充电指示灯熄灭

■ 任务实施

3.2.6　交流发电机的正确使用

在交流发电机使用过程中，线路必须连接正确、可靠，我们一般通过充电指示灯的状态来判断交流发电机的工作状态。

1）将点火开关接通至点火挡但不启动发动机，充电指示灯应点亮，如图 3-19 所示。

图 3-19　充电指示灯点亮

2）启动发动机后，充电指示灯应熄灭。

3）在汽车行驶过程中，如果充电指示灯突然点亮，需要及时检修电源系统。

3.2.7　确认发电机是否正常发电

确认方法是在车辆处于启动状态下，开启前照灯，检查蓄电池端电压。

1）如蓄电池端电压在 14V 左右，说明蓄电池还在正常发电，充电指示灯亮只是其控制电路出了故障，车辆可以继续行驶，结束本次行程后去 4S 店检修，如图 3-20 所示。

2）如蓄电池端电压在 12V 以下且越来越低，说明蓄电池已经不发电了，此时车辆单纯依靠蓄电池供电，车辆维持不了多久就会抛锚，需要尽快去 4S 店检修。

图 3-20　检测发电机是否发电

3.2.8　电源系统工作状态的检测

电源系统工作状态的检测

步骤	作业内容	操作图片
1	检测蓄电池静态电压： 使用万用表测量蓄电池静态电压，将黑色和红色表笔分别与蓄电池正极、负极相连，测得静态电压	
2	检测怠速充电电压： 启动发动机保持在怠速，将红色和黑色表笔分别与蓄电池正极、负极相连，测得怠速状态电压	
3	检查2000转充电电压： 启动发动机并保持在2000转运转，将红色和黑色表笔分别与蓄电池正极、负极相连，测得充电电压	
4	检查怠速带负载充电电压： 启动发动机保持在怠速并打开大灯，将红色和黑色表笔分别与蓄电池正极、负极相连，测得充电电压	
5	检查带负载2000转充电电压： 启动发动机并保持在2000转运转下打开大灯，将红色和黑色表笔分别与蓄电池正极、负极相连，测得充电电压	

任务评价表

交流发电机的检测与维护任务评价表

姓名：　　　　班级：　　　　　学号：　　　　　日期：

序号	学习目标	学习目标达成情况		
		能	不能	不能达成的原因
1	理解交流发电机的作用			
2	理解交流发电机的类型			
3	理解交流发电机的结构			
4	理解交流发电机的工作原理			
5	能分析交流发电机充电指示灯的控制电路			
6	能正确使用交流发电机			
7	能正确确认交流发电机是否发电			
8	能正确检测电源系统工作状态			

任务 3.3　起动机的检测与维护

情境描述

小王在某汽车 4S 店做维修接待。有一天，小王接到客户李先生的电话，李先生说他的卡罗拉汽车无法启动，要求 4S 店进行现场急救，需要用拖车将卡罗拉汽车运回并对该车的起动系统进行彻底检查。

如果你是小王，请你负责接待李先生，为李先生介绍汽车起动系统的组成、功能及正确使用方法，并完成汽车起动系统初步检查，与客户完成关于起动系统故障的初步沟通。

学习目标

※知识目标：理解起动系统的作用及组成。

理解起动机的类型。

理解起动机的结构。

理解起动系统的工作原理。

※技能目标：能正确启动车辆。

能正确进行起动系统熔断器的性能检测。

能正确进行起动系统继电器的性能检测。

※素质目标：通过正确启动车辆，培养学生安全、细致的工作态度。

通过正确检测熔断器和继电器的性能，培养学生规范、严谨的工作意识。

通过实践操作，培养学生对职业的热情。

任务结构

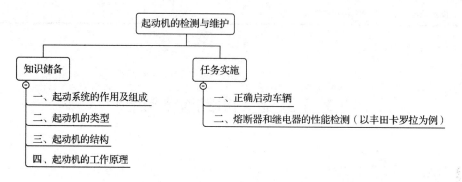

知识储备

3.3.1 起动系统的作用及组成

起动系统的作用是通过起动机将蓄电池的电能转换成机械能，在发动机启动时，用来驱动发动机，直到其能够自行持续转动为止。起动系统由蓄电池、起动机、点火开关、启动继电器、搭铁和相关线路等组成，如图3-21所示。

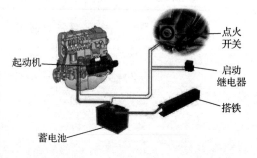

图3-21 起动系统的组成

3.3.2 起动机的类型

汽车用起动机分为常规起动机、减速起动机和永磁起动机三种类型。

1. 常规起动机

常规起动机又称电磁控制强制啮合式起动机，其磁极采用电磁铁，电机的旋转运动通过减速齿轮直接传递到传动齿轮，传动机构中一般由简单的驱动小齿轮、单向离合器和拨叉等组成，无特殊结构和装置，如图 3-22 所示。

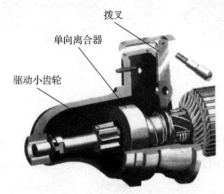

图 3-22　常规起动机传动机构

2. 减速起动机

减速起动机采用高速、小型、低转矩电动机，在传动机构中设有减速装置。减速装置有外啮合齿轮和行星齿轮两种减速方式。减速起动机质量和体积比普通起动机可减小 30%～35%。外啮合齿轮式减速起动机结构如图 3-23 所示，行星齿轮式减速起动机结构如图 3-24 所示。

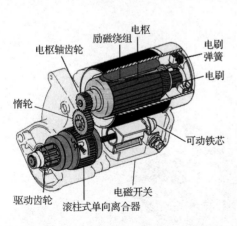

图 3-23　外啮合齿轮式减速起动机结构

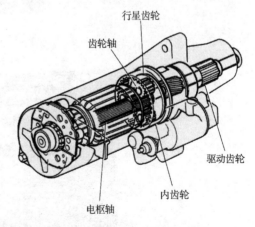

图 3-24　行星齿轮式减速起动机结构

3. 永磁起动机

永磁起动机中电动机的磁极用永磁材料制成，取消了磁场线圈，使得结构简化、体积小、质量轻，永磁起动机外形及结构如图 3-25 所示。

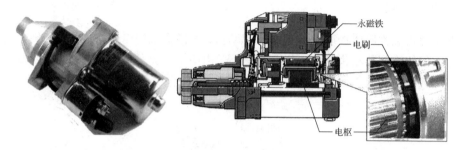

图 3-25 永磁起动机外形及结构

3.3.3 起动机的结构

汽车用起动机一般由传动机构、控制装置和直流电动机三部分组成，如图 3-26 所示。直流电动机主要由电枢、换向器、磁极以及机壳等部分组成，如图 3-27 所示。

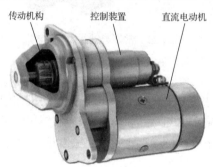

图 3-26 起动机的组成

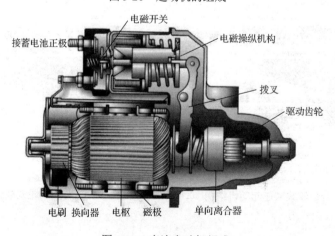

图 3-27 直流电动机组成

3.3.4　起动机的工作原理

起动机的工作原理，如图 3-28 所示。

起动机的工作原理

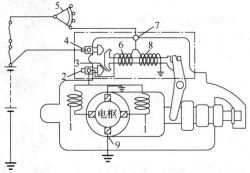

1—磁极；2—C 端子；3—导电片；4—电源正极接线柱；5—点火钥匙；6—吸拉线圈；7—50 端子；8—保持线圈；9—碳刷。

图 3-28　起动机的工作原理

　　直接控制式电磁开关控制电路如下：起动时，点火钥匙打到 ST 位，电流由蓄电池正极→50 端子 7→吸拉线圈 6→导电片 3→C 端子 2→起动机励磁绕组→电枢→搭铁→蓄电池负极构成回路，起动机慢慢转动，同时电流由电磁开关 50 端子 7 经保持线圈 8，回到蓄电池负极。

　　主电路：电流由蓄电池正极→30 端子 4→接触盘→C 端子 2→起动机励磁绕组→电枢→搭铁→蓄电池负极构成回路。

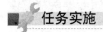 **任务实施**

正确启动车辆

3.3.5　正确启动车辆

步骤	作业内容	操作图片
1	①为 "LOCK" 挡，在该挡位方向盘锁止且能拔下钥匙。如果是自动挡车型还需要将换挡杆置于 P 挡才能拔下钥匙 ②为 "ACC" 挡，该挡位可以使用部分电气设备，如音响系统和点烟器等 ③为 "ON" 挡，该挡位可以使用所有电气设备 ④为 "START" 挡，该挡位用于启动发动机	
2	自动挡汽车启动时，先将换挡杆置于 P 挡或者 N 挡，然后用力踩下制动踏板。接着将点火开关旋转至 "START" 位置	

步骤	作业内容	操作图片
3	手动挡汽车启动时，先将换挡杆置于 N 挡，然后完全踩下离合器踏板，接着将点火开关旋转至"START"挡位置即可启动发动机	
4	注意：每次启动发动机的时间不要超过 5s，间隔时间不要少于 15s，防止起动机损坏和蓄电池过放电	

3.3.6 熔断器和继电器的性能检测（以丰田卡罗拉为例）

1. 熔断器的检测

在点火开关接通至点火挡情况下，电路中的 7.5A AM2 和 30A ST 两个熔断器两端应该均有 12V 以上的电压，如图 3-29 所示。

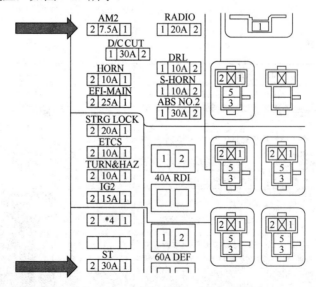

图 3-29　丰田卡罗拉启动电路保险

2. 熔断器及启动继电器的位置

起动系统电路中的 7.5A AM2 熔断器和 30A ST 两个熔断器及启动继电器在发动机舱熔断器盒中的位置,如图 3-30 所示。

3. 启动继电器的检查

为了准确判断继电器性能,需要对继电器进行检查,继电器各个端子的作用及工作条件如图 3-31 所示。

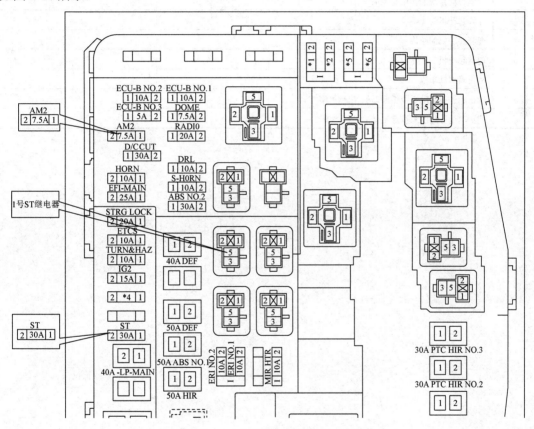

图 3-30 熔断器及启动继电器位置

端子号	作用	工作条件
1	搭铁	常搭铁
2	启动信号	点火开关处于"START"挡位
3	连接电磁开关	在继电器开关闭合后给电磁开关供电
5	连接电源	在熔断器正常的情况下一直有电

图 3-31 启动继电器端子图

任务评价表

起动机的检测与维护任务评价表

姓名：　　　　　班级：　　　　　学号：　　　　　日期：

序号	学习目标	学习目标达成情况		
		能	不能	不能达成的原因
1	理解起动系统的作用及组成			
2	理解起动机的类型			
3	理解起动机的结构			
4	理解起动机的工作原理			
5	能正确启动车辆			
6	能正确进行起动系统熔断器的性能检测			
7	能正确进行起动系统继电器的性能检测			

项目 4　汽车信号及仪表系统的检测与维护

　　汽车在使用过程中，经常要使用各种信号装置，比如转弯时需要开启转向灯；制动时制动灯会点亮；当相关系统出现故障时，对应的报警灯会点亮，告知驾驶员车辆出现问题，需要及时进行检修。通过本项目的学习，学生能够掌握汽车信号及仪表系统的相关知识和必备技能，从而能够更好地进行故障的检修与排除。

知识目标

1. 掌握汽车信号系统的作用和组成。
2. 掌握汽车仪表类型，电子组合仪表及报警系统组成及工作原理。
3. 掌握汽车智能仪表上其他功能。

能力目标

1. 能够识别汽车信号系统的安装位置。
2. 能够正确使用转向灯/危险警告灯，并进行相关部件的检测。
3. 能够识别汽车仪表及报警灯含义。
4. 能够进行汽车保养预检、仪表盘信息记录及保养的复位。

素质目标

1. 通过正确检测信号及仪表系统，培养学生安全、细致的工作态度。
2. 通过实车相关故障的检测与排除，培养学生严谨、规范的工作意识。
3. 通过理实一体化项目教学，培养学生的工匠精神和职业热情。

任务 4.1　汽车信号系统的检测与维护

情境描述

　　小王在某汽车 4S 店做维修接待近三年了。有一天，客户周先生开着一辆卡罗拉汽车来到 4S 店，周先生反映该车左转向灯闪烁频率很快。

　　如果你是小王，请你负责该车辆接待，给周先生介绍汽车转向信号系统的组成及正确使用方法，并完成转向信号系统的初步检查，与周先生完成关于转向信号系统故障的初步沟通。

学习目标

※知识目标：理解汽车信号系统的作用。
　　　　　　理解汽车信号系统的组成。

※技能目标：能识别帕萨特汽车信号系统。
　　　　　　能识别卡罗拉汽车信号系统。
　　　　　　能正确使用转向灯/危险警告灯。
　　　　　　能正确进行转向灯/危险警告灯熔断器的检测。
　　　　　　能正确进行转向灯继电器的检测。
　　　　　　能正确进行转向灯控制开关的检测。

※素质目标：通过正确使用转向灯/危险警告灯，培养学生安全、细致的工作态度。
　　　　　　通过正确检测转向灯/危险警告灯，培养学生规范、严谨的工作意识。
　　　　　　通过实践操作，培养学生对职业的热情。

任务结构

汽车信号系统的检测与维护

知识储备
- 一、汽车信号系统的作用
- 二、汽车信号系统的组成
- 三、帕萨特汽车信息系统
- 四、卡罗拉汽车照明信号系统

任务实施
- 一、正确使用转向灯/危险警告灯
- 二、汽车信号系统的性能检测
- 三、转向灯/危险警告灯熔断器的检测（以丰田卡罗拉为例）
- 四、转向灯继电器的检测（以丰田卡罗拉为例）
- 五、转向灯开关的检测（以丰田卡罗拉为例）

■■ 知识储备

4.1.1　汽车信号系统的作用

汽车信号系统通过声、光信号向行人和车辆发出警示，提醒相关交通参与人员注意，确保车辆和其他交通参与者的安全。

4.1.2　汽车信号系统的组成

汽车信号系统主要由转向灯、危险警告灯、制动灯、倒车灯和喇叭等组成，如图 4-1 所示。

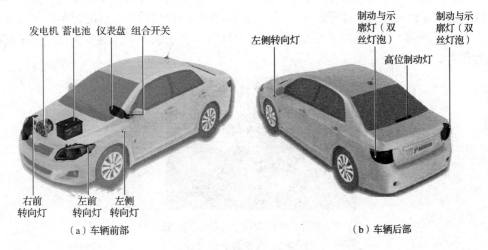

发电机 蓄电池 仪表盘 组合开关　　左侧转向灯　　制动与示廓灯（双丝灯泡）　制动与示廓灯（双丝灯泡）

高位制动灯

右前转向灯　左前转向灯　左侧转向灯

（a）车辆前部　　　　　　　　　　　（b）车辆后部

图 4-1　汽车信号系统的组成

1. 转向灯

转向灯装在汽车前后左右四角以及后视镜、翼子板等位置，在汽车起步、转向、靠边停车以及变更车道或超车时发出交替转向信号，提醒其他车辆和交通参与者注意。

2. 危险警告灯

危险警告灯俗称应急灯或双闪灯，用于车辆遇到紧急、危险情况时使用，如交通事故、车辆故障、临时停车、大雾、大雨以及沙尘天气、车队行驶等，提醒其他车辆注意。

3. 制动灯

制动灯的颜色为红色，用于指示车辆正在制动或减速，现在很多车辆都安装有高位制动灯，可以尽早通知后方驾驶者，增加可视距离，增强了汽车行车的安全性能。

4. 倒车灯

用于警示后面的车辆正在倒车，当变速箱挂入倒挡时，倒车灯开关接通，倒车灯点亮。

5. 喇叭

喇叭是汽车的声响信号装置。在汽车行驶过程中，驾驶员根据需要和规定发出必要的声响信号，用来引起行人或其他车辆注意，以保证交通安全。

4.1.3 帕萨特汽车信息系统

1. 前部信号灯

集成在大灯内的 LED 日间行车灯，能有效地增加车辆在日间行车的安全。打开点火开关，日间行车灯自动点亮，打开近光灯后，日间行车灯则自动熄灭。日间行车灯大大提高了日间行车被识别度，间接增加了行车安全性，日间行车灯无法手动接通或关闭，汽车前部信号灯如图 4-2 所示。

转向灯　转向照明灯　LED日间行车灯/小灯　近/远光灯

图 4-2　汽车前部信号灯

2. 后部信号灯

后部的制动灯和小灯采用 LED 光源，具有亮度高、体积小、发热少、能耗低、寿命长、反应快等特点，应用日趋广泛，汽车后部信号灯如图 4-3 所示。

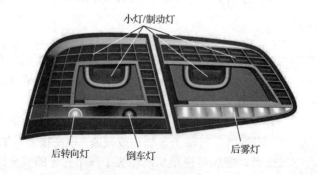

小灯/制动灯

后转向灯　倒车灯　后雾灯

图 4-3　汽车后部信号灯

4.1.4 卡罗拉汽车照明信号系统

卡罗拉汽车照明信号系统如图 4-4 和图 4-5 所示。

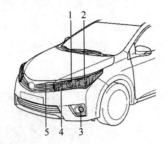

1—前照灯远光；2—前照灯近光；3—雾灯；4—前转向信号灯；5—前位灯（灯泡型）。

图 4-4 前部照明信号灯

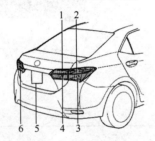

1—倒车灯；2—后转向信号灯；3—刹车灯/尾灯（灯泡型）；4—尾灯（灯泡型）；5—牌照灯；6—后雾灯。

图 4-5 后部照明信号灯

任务实施

4.1.5 正确使用转向灯/危险警告灯

转向灯/危险警告灯的正确使用如图 4-6 所示。

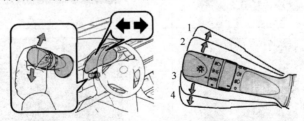

1—右转；2—向右变换车道（将控制杆移至中间位置然后松开）右侧信号灯将闪烁三次；

3—向左变换车道（将控制杆移至中间位置然后松开）左侧信号灯将闪烁三次；4—左转。

图 4-6 丰田卡罗拉汽车转向灯使用

丰田卡罗拉汽车的转向灯运行时，点火开关必须位于 ON 位置，闪光频率为每分钟 60～90 次，如果发现转向灯闪烁频率比以前快，首先要检查前后的转向灯是否损坏，任何一侧的转向灯损坏都会导致相应侧的闪烁频率加快。

危险警告灯可以在发动机不工作时使用，此时不需接通点火系统及仪表报警灯，按下危险警告灯开关即可，此时车辆外部相应指示灯闪烁，如图 4-7 和图 4-8 所示。危险警告灯的使用场合主要有车辆有故障或危险不能行驶；本车有牵引别车的任务，需要别车注意；本车需优先通过，需别车回避。

图 4-7　危险警告灯开关

图 4-8　外部指示灯

检查前部转向灯及
指示灯的工作情况

4.1.6　汽车信号系统的性能检测

1. 检查前部转向灯（含侧面）及其指示灯的工作情况

操作转向灯开关左转或右转，观察转向指示灯是否闪烁正常，助手观察前部转向灯（含侧面）是否闪烁正常

操作车灯开关左转，观察仪表板指示灯是否闪烁	助手协助观察左侧转向灯（含侧转向灯）是否闪烁

操作车灯开关右转，观察仪表板指示灯是否闪烁	助手协助观察右侧转向灯（含侧转向灯）是否闪烁

2. 检查转向信号/多功能开关的自动返回功能

将方向盘放正，扳动组合开关至某一侧，转向方向盘能自动复位，操作完后将方向盘摆正

在检查左转向时，同时检查自动返回功能

在检查右转向时，同时检查自动返回功能

3. 检查前部危险警告灯（含侧面）及其指示灯的工作情况

按下危险警告灯开关，观察转向指示灯是否闪烁正常，助手观察前部危险警告灯（含侧面）是否闪烁正常

检查前部危险警告灯（含侧面）及其指示灯的工作情况

4. 检查后部转向灯的工作情况

操作转向灯开关左转或右转，观察转向指示灯是否闪烁正常，助手观察后部转向灯是否闪烁正常

操作车灯开关左转，观察仪表板指示灯是否闪烁

助手协助观察左侧转向灯是否闪烁

续表

操作车灯开关右转，观察仪表板指示灯是否闪烁

助手协助观察右侧转向灯是否闪烁

5. 检查后部危险警告灯及其指示灯的工作情况
按下危险警告灯开关，观察转向指示灯是否闪烁正常，
助手观察后部危险警告灯（含侧面）是否闪烁正常

6. 检查喇叭按钮及喇叭的工作情况
启动发动机，转动方向，同时按喇叭按钮。中间 1 次，
向左向右各转 180° 后再检测 1 次

检查喇叭按钮及喇叭的工作情况

4.1.7 转向灯/危险警告灯熔断器的检测（以丰田卡罗拉为例）

1）在点火开关断开情况下，检查发动机舱熔断器盒内 10A 的 ECU-B NO.2 和 TURN&HAZ 两个熔断器，两端应该均有 12V 以上的电压。发动机舱熔断器盒位置如图 4-9 所示。

2）在点火开关接通至点火挡情况下，检查仪表板熔断器盒内 7.5A 的仪表熔断器，两端应该均有 12V 以上的电压。仪表板熔断器盒位置如图 4-10 所示。

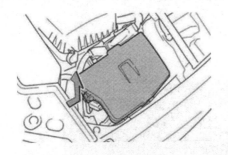

图 4-9　发动机舱熔断器盒位置

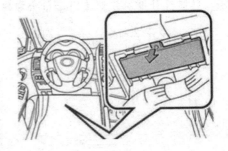

图 4-10　仪表板熔断器盒位置

4.1.8　转向灯继电器的检测（以丰田卡罗拉为例）

1）转向灯继电器端子如图 4-11 所示。

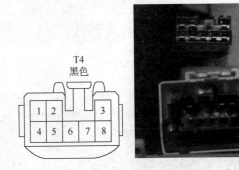

图 4-11　转向灯继电器端子

2）转向灯继电器工作条件的检测如图 4-1 所示。

表 4-1　转向灯继电器工作条件的检测

测试端子	条件	规定值
7（GDN）-搭铁	恒定	导通
1（IG）-搭铁	点火开关"ON"	蓄电池电压
1（IG）-搭铁	点火开关"OFF"	无电压
4（+B）-搭铁	恒定	蓄电池电压

3）转向灯继电器工作状态的检测如表 4-2 所示。

表 4-2　转向灯继电器工作状态的检测

测试条件	对应端子	规定值
5（EL）-搭铁	3-搭铁之间	4～9V 跳变
6（ER）-搭铁	2-搭铁之间	4～9V 跳变
8（EHW）-搭铁	2、3-搭铁之间	4～9V 跳变

4.1.9　转向灯开关的检测（以丰田卡罗拉为例）

1）转向灯开关端子如图 4-12 所示。

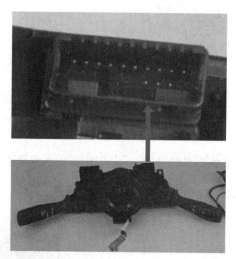

图 4-12　转向灯开关端子

2）将万用表置于电阻挡，检测转向灯开关的工作状态，如图 4-13 和表 4-3 所示。

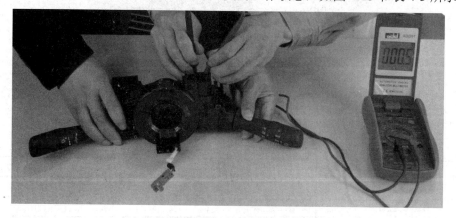

图 4-13　转向灯开关的工作状态检测

表 4-3　转向灯开关的工作状态检测

开关位置		测试仪连接	规定条件
转向开关	L	11、13、15 针脚相互之间	导通
	L′	11、15 针脚	导通
	N	/	不导通
	R	12、15 针脚	导通
	R′	12、13、15 针脚相互之间	导通

任务评价表

汽车信号系统的检测与维护任务评价表

姓名：	班级：		学号：		日期：

序号	学习目标	学习目标达成情况		
		能	不能	不能达成的原因
1	理解汽车信号系统的作用			
2	理解汽车信号系统的组成			
3	能识别帕萨特汽车信号系统			
4	能识别卡罗拉汽车信号系统			
5	能正确使用转向灯/危险警告灯			
6	能正确进行转向灯/危险警告灯熔断器的检测			
7	能正确进行转向灯继电器的检测			
8	能正确进行转向灯控制开关的检测			

任务4.2 仪表系统的检测与维护

情境描述

　　小王在某上海大众汽车4S店做维修接待三年了。有一天，客户韩先生开着一辆新款帕萨特汽车来到4S店，韩先生反映该车仪表上一个报警灯亮了，韩先生记得上次车辆做保养是半年前，他想知道这个报警灯是否就是提示汽车该做保养了。

　　如果你是小王，请你进行该车辆接待，给韩先生介绍汽车仪表及警报系统功能的正确使用方法，并完成仪表系统初步检查，与韩先生完成关于该车仪表系统故障的初步沟通。

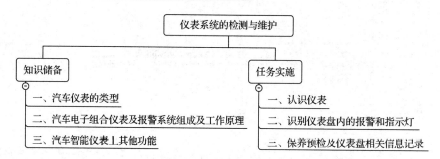

学习目标

※**知识目标**：了解汽车仪表的类型。

理解汽车电子组合仪表及报警系统的组成及工作原理。

理解汽车智能仪表上其他功能。

※**技能目标**：能识别汽车仪表及报警灯含义。

能正确进行汽车保养预检及仪表盘相关信息记录。

能正确进行汽车保养灯的复位。

※**素质目标**：通过正确识别汽车仪表及报警灯含义，培养学生安全、细致的工作态度。

通过正确进行汽车保养预检及信息记录，培养学生规范、严谨的工作意识。

通过正确进行汽车保养灯复位，培养学生规范、严谨的工作意识。

通过实践操作，培养学生对职业的热情。

任务结构

```
                    仪表系统的检测与维护
        ┌───────────────────────┴───────────────────────┐
     知识储备                                          任务实施
  ┌───┴─────────────────────────────┐      ┌──────┴──────────────────────┐
  一、汽车仪表的类型                        一、认识仪表
  二、汽车电子组合仪表及报警系统组成及工作原理    二、识别仪表盘内的报警和指示灯
  三、汽车智能仪表上其他功能                  三、保养预检及仪表盘相关信息记录
```

知识储备

为了方便驾驶员随时了解汽车主要部件的工作情况，及时发现和排除可能出现的故障，汽车上装有各种仪表，如机油压力表、水温表、燃油表、车速里程表和转速表等，用来显示汽车运行的主要常规参数。汽车仪表大部分都集中安装在驾驶室内方向盘正前方的专用仪表板上，其安装布局随各制造厂和车型不同而有所差别。

4.2.1 汽车仪表的类型

1. 按显示方式分类

汽车仪表按显示方式的不同，可分为机械式仪表、电子式仪表和综合信息显示系统。

（1）机械式仪表

机械式仪表采用机械指针指示仪表刻度，具有性能稳定、可靠、成本低等优点，但显示信息量少、视觉特性不好、易使驾驶员疲劳、准确率较低。目前只在少量货车和低档车上使用，如图 4-14 所示。

图 4-14　机械式仪表

（2）电子式仪表

电子式仪表采用电子技术，将测量值转换为电信号，再用指针、数字、声光或图形等电子方式显示汽车各运行参数，具有直观、清晰、稳定、即时、精度高、体积小、质量轻、美观等特点，目前已大量在汽车上使用，如图 4-15 所示。

图 4-15　电子式仪表

（3）综合信息显示系统

综合信息显示系统以液晶显示器为基础，除显示常规的汽车运行参数外，还能显示地图信息、维修信息、多媒体信息、电话信息等，具有导航、音响、道路和信息处理等功能，如图 4-16 所示。

图 4-16　综合信息显示系统

2. 按结构形式分类

汽车仪表按其结构形式可分为独立式仪表和组合式仪表两种。

（1）独立式仪表

独立式仪表是将各独立的仪表固定在同一块金属板上，使用时可单独安装或者更换。

（2）组合式仪表

组合式仪表是将各仪表封装在一个壳体内，具有结构紧凑、美观大方的特点，被现代汽车普遍采用。组合式仪表又分为可拆式和不可拆式两种，可拆式仪表各组成部件可单独更换，如图4-17所示，而不可拆式仪表需整体更换，如图4-18所示。

图 4-17　可拆式仪表 　　　　　　　　　　　图 4-18　不可拆式仪表

4.2.2　汽车电子组合仪表及报警系统组成及工作原理

1. 组成

汽车电子组合仪表板多采用发光二极管或液晶显示。发动机熄火时，仪表板呈黑色（无任何显示），点火开关接通后，仪表板显示出各种参数值或模拟出传统机电式仪表的指针指示值。在电子组合仪表中，各种传感器和开关的输出信号传递给微处理器，微处理器处理后发送到相应的仪表显示出来或者用报警灯发出警告信息，如图4-19所示。

汽车电子组合仪表及报警系统组成及工作原理

车辆状态传感器主要包括速度传感器、燃油传感器、冷却液温度传感器、发动机转速传感器、机油油压传感器、机油油量传感器等。除了这些变量，还包括一些开关信号，如启动信号、超速行驶主开关信号、车门及后备厢开关信号等，以及让驾驶人选择不同显示模式或者测量模式的仪表板开关，如英里/公里显示转换开关、短程模式转换开关等。

2. 工作原理

电子式汽车仪表主要包括各种传感器及开关、专业集成电路和组合仪表板等。测量时，各传感器的输出信号经接口电路转化为数字信号，由微机信号处理系统进行测量，通过显示驱动电路与仪表板显示器相连，分时循环显示或同时在不同区域显示各种测量参数，如图4-20所示。

随着汽车电子技术的不断发展，车辆电控系统的数量不断增多，功能越来越复杂，仪表ECU、发动机总成控制系统、变速器总成控制系统、制动防抱死控制系统、巡航控制系统、安全气囊系统各个单元都需要同时与多个传感器、执行器之间发生通信，每一个输入、输出信号又可能与多个电脑之间发生通信。所以仪表 ECU 与各个控制单元之间采用多路传输系统连接，形成了计算机局域网系统，如图 4-21 所示。利用计算机局域网，仪表 ECU 接收来自各个子系统的故障码等诊断信息，并通过仪表点亮相应的警告灯等提醒驾驶员。

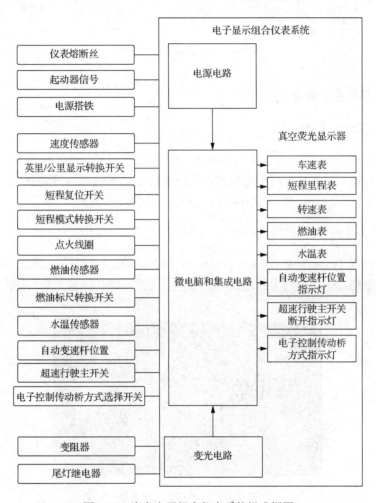

图 4-19　汽车电子组合仪表系统组成框图

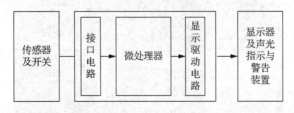

图 4-20　汽车电子仪表系统的工作原理

汽车电气设备检测与维护（含工作页）

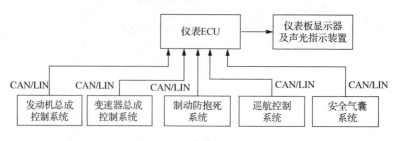

图 4-21　计算机局域网系统

4.2.3　汽车智能仪表上其他功能

1. 汽车巡航控制系统

汽车巡航控制系统（cruise control system）如图 4-22 所示，也被称为巡航行驶装置、恒速行驶系统或自动驾驶系统。汽车巡航控制系统能够减轻驾驶员的劳动强度，提高行驶的舒适性，使汽车工作在发动机有利转速范围内的自动行驶形式装置。

2. 电子稳定系统

电子稳定系统（electronic stability program，ESP）如图 4-23 所示。包含防抱死制动系统及牵引力控制系统，是这两种系统功能上的延伸。因此，ESP 称得上是当前汽车防滑装置的最高级形式。

图 4-22　汽车巡航控制系统

图 4-23　电子稳定系统

3. 车道保持系统

车道保持（lane assist）系统是一种驾驶员辅助系统，通过摄像机探测车辆前方区域，识别出当前所在车道左右两侧的道路标线。如果在没有接通转向信号灯的情况下车辆偏向系统识别的一侧车道标志线，车道保持系统就会在车辆越过标线之前通过方向盘振动及时提醒驾驶员车辆偏离了车道，同时系统对转向实施校正干预，协助驾驶员将汽车保持在原车道里。车道保持系统操作开关和显示界面如图 4-24 和图 4-25 所示。

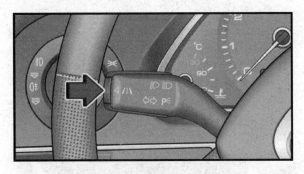

图 4-24 车道保持系统操作开关

图 4-25 显示界面

4. 抬头数字显示仪

抬头数字显示仪（head up display，HUD）如图 4-26 所示。意为抬头显示，也称平视显示器。HUD 系统最初是应用在战斗机上，最早装备 HUD 系统的是法国的幻影战斗机，从 1988 年开始在汽车工业上运用。抬头数字显示仪可以减少因低头、走神引起的交通事故，确保行车安全。抬头数字显示仪如图 4-26 所示。

图 4-26 抬头数字显示仪

汽车电气设备检测与维护（含工作页）

5. 汽车起-停系统

汽车起-停系统（英文名称 START-STOP，STT）的功能是车辆行驶过程中临时停车（如等红灯）的时候，自动熄火；当需要继续前进的时候，系统迅速响应驾驶员启动命令，自动快速重启发动机。汽车起-停系统操作开关及仪表显示界面如图 4-27 所示。

图 4-27　汽车起-停系统操作开关及仪表显示界面

6. 多功能方向盘

多功能方向盘如图 4-28 所示，是指在方向盘两侧或者下方设置一些功能键，包括音响控制、车载电话、定速巡航键等。多功能方向盘的好处在于驾驶员可以直接在方向盘上操控车内多数的电子设备，从而不需要在中控台上去寻找各类按钮，可以更专心地注视前方，大大提高行车的安全性。

图 4-28　多功能方向盘

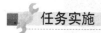 任务实施

4.2.4　认识仪表

认识仪表如图 4-29 所示（以上海大众帕萨特为例）。

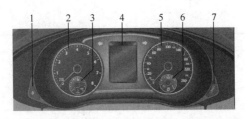

1—用于组合仪表内时钟或模拟时钟的调节按钮；2—转速表；3—发动机冷却液温度表；
4—显示屏；5—车速表；6—燃油存量表；7—复位按钮（trip）。

图 4-29　上海大众帕萨特仪表

4.2.5　识别仪表盘内的报警和指示灯

仪表盘如图 4-30 所示。报警灯和指示灯的符号、名称及含义如表 4-4 所示。

识别仪表盘内的
报警和指示灯

图 4-30　仪表盘

表 4-4　报警灯和指示灯的符号、名称及含义

符号	名称	含义
	制动系统故障报警灯	请勿继续行驶 制动液液位过低或制动系统有故障
	冷却液状态报警灯	请勿继续行驶！停车让发动机冷却，检查冷却液液位 冷却液温度过高或冷却液位过低
	发动机机油压力报警灯	请勿继续行驶！请关闭发动机，然后检查机油油位 发动机机油压力过低
	车门未关报警灯	请勿继续行驶 至少有一扇车门开着或未正确关闭

续表

符号	名称	含义
	后备厢未关报警灯	请勿继续行驶 后备厢盖已打开或未正确关闭
	电动助力转向系统报警灯	请勿继续行驶！请联系上海大众汽车经销商检修 电动助力转向失效
	安全带未系报警灯	请系好安全带
	发电机故障指示灯	发电机有故障，请联系上海大众汽车经销商检修
	电子驻车制动器指示灯	电子驻车制动器已接通
	制动盘指示灯	制动摩擦片磨损超过极限，请联系上海大众汽车经销商检查所有制动摩擦片并在必要时更换
	电子稳定系统指示灯	亮起：ESP 有故障 闪烁：ESP 正在调节或牵引力控制系统（ASR）已关闭
	牵引力控制系统手动关闭/接通 指示灯	牵引力控制系统已手动关闭
	防抱死制动系统指示灯	防抱死制动系统（ABS）有故障，请联系上海大众汽车经销商处理
	驻车制动系统指示灯	驻车制动装置故障，请联系上海大众汽车经销商检修

符号	名称	含义
	后雾灯工作指示灯	后雾灯已打开
	照明灯故障指示灯	灯泡故障。行车灯全部或部分失灵, 弯道行车灯有故障
	尾气排放控制系统指示灯	尾气排放控制系统有故障, 请联系上海大众汽车经销商检修
EPC	电子节气门故障指示灯	电子节气门控制系统故障, 请联系上海大众汽车经销商检修
	电动助力转向系统指示灯	电动助力转向作业降低, 请联系上海大众汽车经销商检修
	轮胎气压监控系统指示灯	轮胎气压监控系统, 某个车轮的轮胎充气压力过低, 请检查胎压
	车窗玻璃清洗液指示灯	车窗玻璃清洗罐中的液位过低
	燃油量指示灯	燃油存量过低
	安全气囊系统指示灯	安全气囊系统故障, 请联系上海大众汽车经销商检修
	转向信号指示灯	左、右侧转向信号灯已打开

续表

符号	名称	含义
	制动踏板未踩下指示灯	提示驾驶员踩下制动踏板
	定速巡航系统指示灯	定速巡航系统已开启
	远光灯指示灯	远光灯已打开
	保养提示指示灯	保养周期指示器，如保养到期，则会在打开点火开关时发出一个声音信号并持续显示闪烁的图标几秒钟，提醒对车辆进行维护保养

4.2.6 保养预检及仪表盘相关信息记录

汽车在保养前需完成仪表相关信息的记录，打开点火开关，对应图 4-31 保养预检表，完成车辆仪表板上各个指示灯工作情况检查并填写保养预检记录表，如表 4-5 所示。

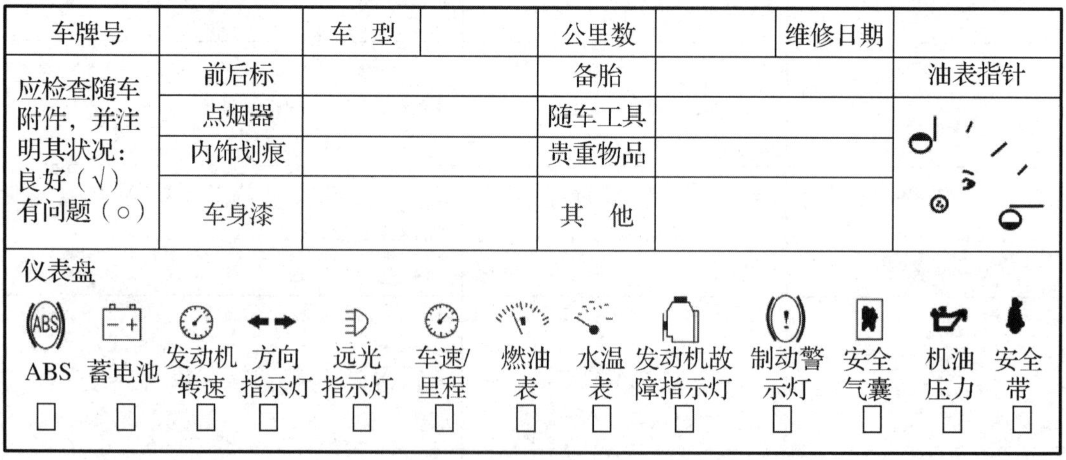

车牌号		车　型		公里数		维修日期	
应检查随车附件，并注明其状况：良好（√）有问题（○）	前后标			备胎			油表指针
	点烟器			随车工具			
	内饰划痕			贵重物品			
	车身漆			其　他			

仪表盘

ABS　蓄电池　发动机转速　方向指示灯　远光指示灯　车速/里程　燃油表　水温表　发动机故障指示灯　制动警示灯　安全气囊　机油压力　安全带

□　□　□　□　□　□　□　□　□　□　□　□　□

图 4-31　保养预检表

表 4-5　保养预检记录表

符号	名称	检查状态	检查结论	建议处理措施
	防抱死制动系统指示灯	点火开关接通	□正常　□不正常	
	发电机故障指示灯	车辆点火状态；车辆启动状态	□正常　□不正常	
	转速表	车辆点火状态；车辆启动状态	□正常　□不正常	
	转向信号指示灯	转向灯状态；应急灯状态	□正常　□不正常	
	远光灯指示灯	远光灯状态；远关灯熄灭	□正常　□不正常	
	车速里程表	点火开关接通	□正常　□不正常	
	燃油表	点火开关接通	□正常　□不正常	
	水温表	点火开关接通	□正常　□不正常	
	发动机控制系统指示灯	点火开关接通	□正常　□不正常	
	制动系统故障报警灯	手刹拉起；手刹放下	□正常　□不正常	
	安全气囊系统指示灯	点火开关接通	□正常　□不正常	
	发动机机油压力报警灯	车辆点火状态；车辆启动状态	□正常　□不正常	
	安全带未系报警灯	安全带未插入；安全带插入	□正常　□不正常	

任务评价表

仪表系统的检测与维护任务评价表

姓名：　　　　　班级：　　　　　学号：　　　　　　　日期：

序号	学习目标	学习目标达成情况		
		能	不能	不能达成的原因
1	了解汽车仪表的类型			
2	理解电子组合仪表及报警系统的组成及原理			
3	理解汽车智能仪表上其他功能			
4	能识别汽车仪表及报警灯含义			
5	能正确进行汽车保养预检及仪表盘相关信息记录			

项目 5　汽车照明系统的检测与维护

　　汽车照明系统是汽车安全行驶的必备系统之一。其作用是在夜间或能见度低的情况下，向驾驶人、乘客和交通管理人提供照明，对其他车辆和行人起提示及警告作用。通过本项目的学习，学生能够掌握汽车照明系统的相关知识和必备技能，从而能够更好地对故障进行检修与排除。

知识目标

1. 掌握汽车照明系统的作用和组成。
2. 掌握汽车车灯的结构及类型。
3. 掌握照明灯的类型及作用。

能力目标

1. 能够识别汽车前、后部车灯。
2. 能够进行汽车灯光系统的性能检查。
3. 能够进行汽车前照灯总成及后部灯总成的拆装与更换。
4. 能够进行灯泡的拆装与更换。

素质目标

1. 通过正确检查照明系统、更换灯泡，培养学生安全、细致的工作态度。
2. 通过实车相关故障的检测与排除，培养学生严谨、规范的工作意识。
3. 通过理实一体化项目教学，培养学生的工匠精神和职业热情。

任务 5.1　车灯总成的拆装与更换

情境描述

　　近日小王所在的 4S 店接到一位车主的电话，该车主反映他的爱车在驾驶时左前方的车灯被撞碎了，车灯不亮，给驾驶带来了一定安全隐患。询问小王店里是否有货可以更换。

学习目标

※**知识目标**：理解汽车照明系统的作用。

　　　　　　理解车灯的结构。

　　　　　　理解车灯的类型。

※**技能目标**：能正确识别前、后部车灯。

　　　　　　能正确进行灯光系统的性能检查。

　　　　　　能正确进行前照灯总成的拆装与更换。

　　　　　　能正确进行后部灯总成的拆装与更换。

※**素质目标**：通过正确检测车灯性能，培养学生安全、细致的工作态度。

　　　　　　通过正确更换车灯总成，培养学生规范、严谨的工作意识。

　　　　　　通过实践操作，培养学生对职业的热情。

任务结构

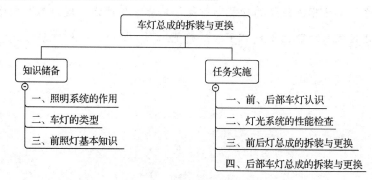

```
            车灯总成的拆装与更换
        ┌────────────┴────────────┐
      知识储备                   任务实施
    ├─一、照明系统的作用        ├─一、前、后部车灯认识
    ├─二、车灯的类型            ├─二、灯光系统的性能检查
    └─三、前照灯基本知识        ├─三、前后灯总成的拆装与更换
                               └─四、后部车灯总成的拆装与更换
```

知识储备

5.1.1 照明系统的作用

汽车上的各种灯光在汽车安全行驶中有着不可替代的重要作用，各种灯光必须完好有效，如有损坏车辆不得行驶，必须修复后才能行驶。总体来讲汽车灯光具有照明（图 5-1）、指示预告（图 5-2）、警示预告（图 5-3）等功能。

图 5-1　照明功能

图 5-2　指示预告功能

图 5-3　警示预告功能

5.1.2　车灯的类型

一辆汽车包含多个灯组，如大灯、转向灯、日行灯、尾灯等，以上的每一个灯都十分重要，为日常的行驶带来了安全与方便，常见车灯如图 5-4 所示。

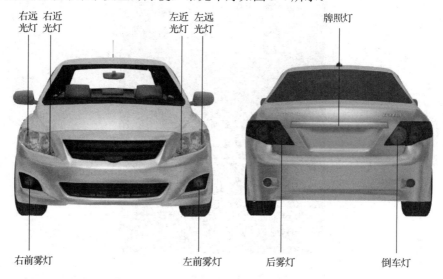

图 5-4　常见车灯

5.1.3　前照灯基本知识

如果将前照灯总成进行拆解，可大致拆分为遮光罩、反光镜、配光镜等几部分。

1. 遮光罩

在真空灯芯内灯丝的前上方装备了一个遮光罩（遮光板），如图 5-5 所示。它的作用是在灯丝点亮工作时，可以遮掉向上的直射光线。汽车前照灯这部分向上的光线如果不遮挡掉，会使迎面车辆司机产生严重眩目，且这些散乱光在雨天或雾天环境中还会在车前形成一个光幕，使得本车司机的能见度降低。

2. 反光镜

封闭式真空灯芯反光镜多数是抛物线旋转形成的抛物面，如图5-6所示。在反光镜生产过程中，采用真空镀膜工艺将铝蒸发涂敷在内表面上，可使反射出去的光亮度比灯丝本身亮度提高6000倍以上。

图5-5　遮光罩

图5-6　反光镜

3. 配光镜

前照灯配光镜是由很多凸凹不平的小棱镜组成，如图5-7所示。它可以把经反光镜反射后的光线进行折射、散射，使其达到前照灯的配光要求，同时还把一部分光线向两边扩散，以加宽前照灯在水平方向的照明范围，并得到期望的配光效果。

4. 汽车尾灯基本知识

汽车尾灯就是汽车尾部的灯组，如图5-8所示。一般汽车尾部的灯组由刹车灯、倒车灯、转向灯、雾灯组成。汽车的尾灯起到提示的作用，告知后车此时前车的行进状态，可以避免发生意外。目前汽车尾灯多采用外形美观、光效又高的LED灯体组，让后车可以更加清晰地看清前车的行进状态。

汽车尾灯在夜间行车时提示后车前面有车存在，并显示出两车间的位置关系，所以装在车后的两侧。汽车尾灯包括汽车尾部中的灯具和灯泡。整个汽车尾灯的设计涉及光学、材料学、结构学等学科，实现发挥出最大光效的同时兼顾不同的形状、线条的功能。

图5-7　配光镜

图5-8　汽车尾灯

5.1.4 前、后部车灯认识

前、后部车灯的位置及组成，如图5-9和图5-10所示。

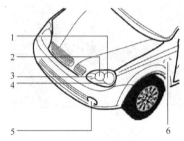
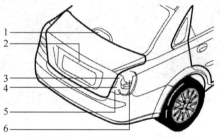

1—前照灯近光灯；2—前照灯远光灯；3—转向信号灯；
4—小灯；5—雾灯；6—侧转向信号灯。

1—高位制动灯；2—牌照灯；3—转向信号灯；
4—倒车灯；5—雾灯；6—制动灯/尾灯。

图5-9　前部车灯的位置　　　　　　　　　图5-10　后部车灯的位置

5.1.5 灯光系统的性能检查

灯光系统的性能检查

1. 检查前部示廓灯的工作情况	
打开点火开关，启动发动机，将车灯开关置于Ⅰ挡，助手观察前部示廓灯是否点亮	

车灯开关置于Ⅰ挡	助手协助观察前部示廓灯是否点亮
2. 检查前照灯近光的工作情况	
将车灯开关置于Ⅱ挡，助手观察前照灯近光是否点亮	

车灯开关置于Ⅱ挡	助手协助观察前照灯近光是否点亮

3. 检查前照灯远光及其指示灯的工作情况

拨动组合开关,观察仪表远光指示灯是否点亮,助手观察前照灯远光是否点亮

向外拨动车灯开关,观察远光指示灯是否点亮

助手协助观察前照灯远光是否点亮

4. 检查前照灯闪光及远光指示灯的工作情况

开前照灯近光时闪光,切换远近光,观察仪表远光指示灯是否点亮,助手观察前照灯闪光是否正常

向内拨动车灯开关,观察远光指示灯是否闪烁

助手协助观察前照灯远光是否闪烁

5. 检查后部示廓灯的工作情况

将车灯开关置于 I 挡,助手观察后部示廓灯是否点亮

车灯开关置于 I 挡

助手协助观察后部示廓灯是否点亮

续表

6. 检查牌照灯的工作情况
将车灯开关置于Ⅰ挡，助手观察牌照灯是否点亮

车灯开关置于Ⅰ挡

助手协助观察牌照灯是否点亮

7. 检查制动灯（含高位）的工作情况
踩下制动踏板，助手观察制动灯（含高位）是否点亮

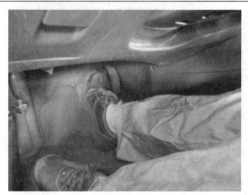

踩下制动踏板

助手协助观察制动灯（含高位）是否点亮

8. 检查倒车灯的工作情况
发动机熄火，打开点火开关，踏下制动踏板将变速杆置于R挡，助手观察倒车灯是否点亮

将变速杆置于R挡

助手协助观察倒车灯是否点亮

5.1.6 前照灯总成的拆装与更换

汽车前、后灯总成的拆装与更换

步骤	作业内容	操作图片
1	前期准备： 操作前准备好工具、设备及相关辅助用品	
2	车辆防护： 确认点火开关置于 OFF 位置，安装地板垫，安装座椅套，安装转向盘套，拉起发动机舱盖释放杆	
3	前保险杠拆卸： 第一步：断开蓄电池负极 断开蓄电池负极确保操作过程中的人身安全	
	第二步：拆卸前保险杠上部固定螺栓与卡子	

步骤	作业内容	操作图片
3	第三步：拆卸前保险杠下部固定螺栓与卡子	
	第四步：拆卸前保险杠与车轮翼子板内衬固定螺栓与卡子	
	第五步：拆卸前保险杠总成	
4	汽车前照灯总成的拆卸： 第一步：拔下车灯上三个电线插头	

步骤	作业内容	操作图片
4	第二步：用工具拧下前照灯总成的固定螺栓	
	第三步：取下前照灯总成	
	第四步：分解前照灯总成 将车灯的线束拆下后，视情况更换前照灯总成后，按拆卸的逆顺序装复	

5.1.7 后部车灯总成的拆装与更换

步骤	作业内容	操作图片
1	前期准备： 操作前准备好工具、设备及相关辅助用品	
2	车辆防护： 确认点火开关置于 OFF 位置，安装地板垫，安装座椅套，安装转向盘套	
3	汽车后部车灯总成的拆卸： 第一步：打开后备厢，做好防护后拆卸后车灯总成内饰板的固定卡子，用力将内饰板拆开，用手将后部车灯总成的线束插头断开	
	第二步：用工具撬开后部车灯总成的固定螺栓盖板，拆下后部车灯总成的两颗固定螺栓	

步骤	作业内容	操作图片
3	第三步：用手撬开后部车灯总成后，拆下后部车灯总成的线束密封圈，取下后部车灯总成	
	第四步：分解后部车灯总成 将车灯的线束拆下后，视情况更换后部车灯总成后按拆卸的逆顺序进行装复	

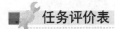

任务评价表

车灯总成的拆装与更换任务评价表

姓名：　　　　　班级：　　　　　学号：　　　　　　日期：

序号	学习目标	学习目标达成情况		
		能	不能	不能达成的原因
1	理解汽车照明系统的作用			
2	理解车灯的结构			
3	理解车灯的类型			
4	能识别前、后部车灯			
5	能正确进行前部车灯总成的拆装与更换			
6	能正确进行后部车灯总成的拆装与更换			

任务 5.2 灯泡的拆装与更换

情境描述

近日小王所在的一汽丰田 4S 店接到一位车主的电话，该车主反映他的丰田卡罗拉制动时，只有右侧灯亮，左侧灯不亮，给驾驶带来了一定的安全隐患。如果你是小王，你能帮助车主解决他的问题吗？

学习目标

※知识目标：理解照明灯的类型及作用。

了解各种不同类型的灯泡。

※技能目标：能识别汽车前、后部的车灯。

能正确对灯泡进行拆装与更换。

※素质目标：通过正确规范汽车灯泡的更换，培养学生安全、细致的工作态度。

通过正确规范更换汽车灯泡，培养学生规范、严谨的工作意识。

通过实践操作，培养学生对职业的热情。

任务结构

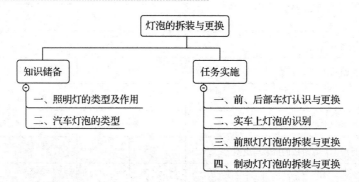

⚙ 知识储备

5.2.1　照明灯的类型及作用

为了保证汽车行驶的安全性，减少交通事故和机械事故的发生，汽车上都装有多种照明设备和灯光信号装置，俗称灯系，它已成为汽车上不可缺少的一部分。

1. 前照灯

前照灯的主要作用是照明车前的道路和物体，确保行车安全。还可以利用远光、近光交替变换作为夜间超车信号。前照灯安装在汽车头部的两侧，每辆车装 2 只或 4 只，如图 5-11 所示。

图 5-11　前照灯

2. 雾灯

雾灯装在前照灯附近或比前照灯稍微低的位置。它是在有雾、下雪、大雨或尘埃弥漫等能见度低的情况下，作为道路照明并为迎面来车提供信号的灯具。灯光多为黄色，这是因为黄色光波较长，有良好的透雾性能。雾灯有前雾灯和后雾灯，如图 5-12 所示。

图 5-12　雾灯

3. 倒车灯

倒车灯装于汽车尾部，用于照亮车后道路和告知车辆和行人，车辆正在倒车或准备倒车。它兼有灯光信号装置的功能，灯光为白色，如图 5-13 所示。

4. 牌照灯

牌照灯装在汽车尾部牌照上方，其用途是照亮车辆后牌照板。其要求是夜间在车后 20m 处能看清牌照上的号码，灯光为白色，如图 5-14 所示。

图 5-13　倒车灯

图 5-14　牌照灯

5. 小灯

用于汽车夜间行驶或停车时，标示车辆的存在和轮廓。装在汽车前后两侧，一般有独立式、一灯两用式和组合式，如图 5-15 所示。

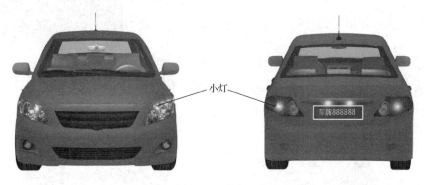

图 5-15　小灯

6. 顶灯

安装在驾驶室或车内顶部，供驾驶室内照明的灯具。顶灯灯光为白色，灯罩大多采用透明塑料制成，灯泡功率一般为 5～8W，如图 5-16 所示。

7. 仪表灯

它是仪表照明用工具，常与仪表板连在一起，灯光为白色，如图 5-17 所示。

图 5-16　顶灯

图 5-17　仪表灯

5.2.2　汽车灯泡的类型

汽车前照灯一般有卤素灯、氙气灯、LED 灯等几种类型。随着汽车技术的不断发展，过去那种白炽真空灯已被淘汰。现在汽车的前照灯以卤素灯、氙气灯为主，中高档车辆也开始采用 LED 大灯。

1.　卤素灯

卤素灯是在灯泡内渗入少量的惰性气体碘，从灯丝蒸发出来的钨原子与碘原子反应，生成碘化钨化合物，碘化钨化合物与高温灯丝接触，分解还原为钨和碘。它要比传统的白炽前照灯寿命更长，亮度更大，如图 5-18 所示。

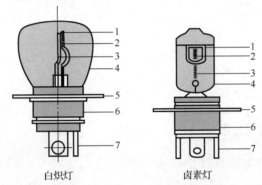

白炽灯　　　　　　　　卤素灯

1—配光镜；2—近光灯丝；3—远光灯丝；4—灯壳；5—定焦盘；6—灯头；7—插片。

图 5-18　卤素灯

常见的灯泡型号有 7 种：H1、H3、H4、H7、H11、HB3、HB4。汽车的灯泡底座形状有圆形、椭圆形和长方形 3 种。根据型号不同，长方形底座多为 1 只脚灯座，而圆形底座则有 2 只脚和 3 只脚两种，购买和更换的时候要看清楚。

2.　氙气灯

氙气灯是一种含有氙气的新型前照灯，又称高强度放电灯或气体放电灯。氙气灯亮度大，发出的光与太阳光比较接近，消耗功率低，可靠性高，不受车上电压波动影响，如图 5-19 所示。

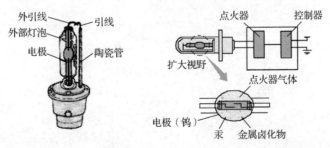

图 5-19　氙气灯

氙气灯由小型石英灯泡、变压器和电子单元组成。氙气灯工作原理是接通电源后，通过变压器，在几微秒内灯泡金属电极间电压升到 2 万伏以上，激励灯泡内的物质（氙气、少量的水银蒸气、金属卤化物）在电弧中电离产生光亮。

3. LED 灯

LED 灯是一种电致发光器件，利用固体半导体芯片作为发光材料，通过载流子发生复合引起光子发射而直接发光，如图 5-20 所示。

图 5-20　LED 灯

LED 前照灯有以下特点。

① LED 是冷光源，这个特性使车灯材料产生变革，LED 光源产生的辐射热量低，灯腔中温度变化很小。材料成本降低，避免了金属材料不环保的工艺。

② 在灯具的造型方面 LED 光源的体积非常小，使车灯的布置更加方便。

任务实施

5.2.3　前、后部车灯认识与更换

前部车灯和后部车灯如图 5-21 和图 5-22 所示。

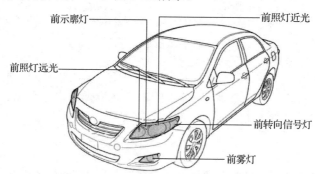

前示廓灯　　前照灯近光　　前照灯远光　　前转向信号灯　　前雾灯

图 5-21　前部车灯

后转向信号灯　　后雾灯　　刹车灯/尾灯　　倒车灯　　牌照灯

图 5-22　后部车灯

1. 前照灯近光灯泡的更换

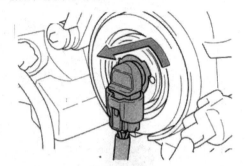

逆时针转动灯座

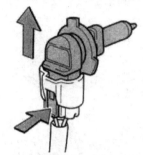

按下锁定释放按钮，同时拔下插头

2. 前照灯远光灯泡的更换

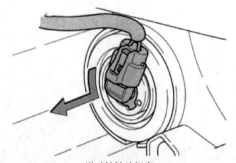

逆时针转动灯座

按下锁定释放按钮，同时拔下插头

3. 前雾灯灯泡的更换

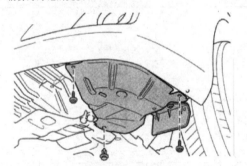

拆卸翼子板内衬板螺栓和卡扣

拆卸翼子板内衬板

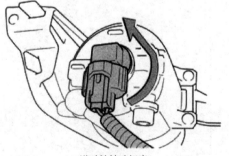

逆时针转动灯座

按下锁定释放按钮，同时拔下插头

续表

4. 前示廓灯灯泡的更换

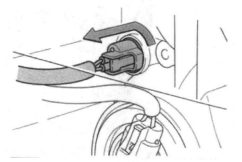

逆时针转动灯座

取下灯泡

5. 前转向信号灯灯泡的更换

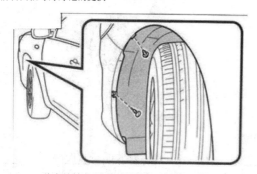

将车轮转向里侧，拆卸翼子板内衬板卡扣

逆时针转动灯座

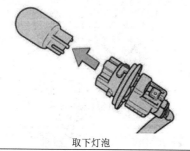

取下灯泡

6. 制动灯、尾灯及后转向灯灯泡的更换

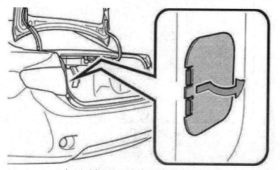

打开后备厢门，拆卸上图所示的盖板

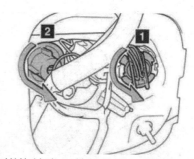

逆时针转动灯座（1.制动灯及尾灯；2.转向灯）

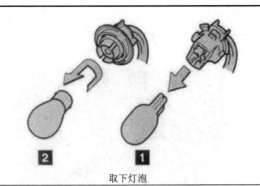

取下灯泡

7. 后雾灯及倒车灯灯泡的更换

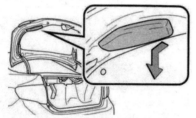

打开后备厢门，拆卸上图所示的盖板

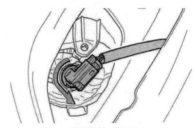

逆时针转动灯座

取下灯泡

8. 牌照灯灯泡的更换

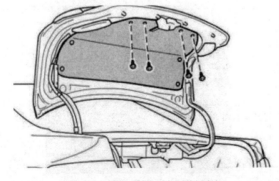

打开后备厢门，拆卸后备厢盖板卡扣

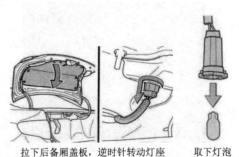

拉下后备厢盖板，逆时针转动灯座　　取下灯泡

5.2.4　实车上灯泡的识别

1. 前照灯灯泡

前照灯近光灯泡

前照灯远光灯泡

2. 前雾灯灯泡

取出前雾灯后取下灯泡

3. 前转向灯灯泡

取出转向灯

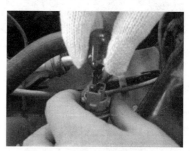

取下灯泡

4. 后制动灯及后转向灯灯泡

后制动灯灯泡

后转向灯灯泡

5. 后雾灯及倒车灯灯泡

后雾灯灯泡

倒车灯灯泡

6. 牌照灯灯泡

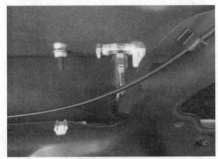

牌照灯位置

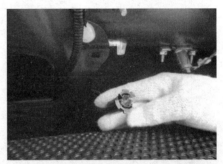

取下牌照灯

5.2.5　前照灯灯泡的拆装与更换

前照灯灯泡的拆装与更换

步骤	作业内容	操作图片
1	前期准备： 操作前准备好工具、设备及相关辅助用品	
2	车辆防护： 确认点火开关置于 OFF 位置，安装地板垫，安装座椅套，安装转向盘套	

步骤	作业内容	操作图片
3	汽车前照灯灯泡的拆装与更换： 第一步：车灯检查 将车灯开关置于各个挡，助手观察每个挡位的灯光是否点亮	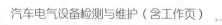
	第二步：拔下前照灯线束的插头，注意不能拉线束	
	第三步：拆卸前照灯密封罩，注意不要损坏	
	第四步：扳开前照灯灯泡的卡子，取下前照灯灯泡，注意拿灯泡的方法	

续表

步骤	作业内容	操作图片
3	第五步：目视检查前照灯灯泡	
	第六步：前照灯灯泡测量 使用万用表对前照灯灯泡的电阻值进行测量，注意万用表校零	
	第七步：前照灯灯泡装复并检查	

5.2.6 制动灯灯泡的拆装与更换

制动灯灯泡的拆装与更换

步骤	作业内容	操作图片
1	前期准备： 操作前准备好工具、设备及相关辅助用品	

续表

步骤	作业内容	操作图片
2	车辆防护： 确认点火开关置于 OFF 位置，安装地板垫，安装座椅套，安装转向盘套	
3	汽车后部灯泡的拆装与更换： 第一步：车灯检查 打开后部车灯各个开关，助手观察每个车灯的灯光是否点亮	
	第二步：用工具撬开后部车灯总成的固定螺栓盖板，拆下后部车灯总成的两颗固定螺栓	
	第三步：用手搬开后部车灯总成	

步骤	作业内容	操作图片
3	第四步：旋下制动灯灯泡的卡子，拔下制动灯灯泡，注意拿灯泡的方法	
	第五步：目视检查制动灯灯泡	
	第六步：制动灯灯泡测量 使用万用表对前照灯灯泡的电阻值进行测量，注意万用表校零	
	第七步：制动灯灯泡装复并检查	

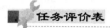

灯泡的拆装与更换任务评价表

姓名：　　　　　班级：　　　　　学号：　　　　　日期：

序号	学习目标	学习目标达成情况		
		能	不能	不能达成的原因
1	理解照明灯的类型			
2	了解各种照明灯的作用			
3	能识别各种不同类型的灯泡			
4	能识别汽车上的照明灯位置			
5	能正确对灯泡进行拆装与更换			

项目6 汽车舒适系统的检测与维护

汽车舒适系统主要为了降低驾驶员的驾驶疲劳，提高驾驶的工作环境，同时为乘客提供一个舒适的乘坐环境。一般包括汽车雨刮器、清洗系统、汽车电动车窗、电动座椅、电动后视镜及电动天窗等。通过本项目的学习，学生能够掌握汽车舒适系统的相关知识和必备技能，从而能够更好地对故障进行检修与排除。

知识目标

1. 掌握汽车电动雨刮器的作用、类型及组成。
2. 掌握汽车雨刮电动机的结构，刮水片的作用与分类。
3. 掌握汽车风窗清洗器的作用及组成。
4. 掌握汽车电动车窗、座椅、后视镜及天窗的作用及组成。

能力目标

1. 能够进行汽车雨刮器的检测与维护。
2. 能够进行汽车挡风玻璃清洗系统的检测与维护。
3. 能够进行汽车电动车窗、座椅和后视镜相关部件的检测。
4. 能够进行电动天窗的检测与维护。

素质目标

1. 通过正确地检查雨刮器、清洗系统、电动车窗、座椅、后视镜及天窗，培养学生安全、细致的工作态度。
2. 通过实车相关故障的检测与排除，培养学生严谨、规范的工作意识。
3. 通过理实一体化项目教学，培养学生的工匠精神和职业热情。

任务 6.1　雨刮器和清洗系统的检测与维护

情境描述

　　近日小王所在的 4S 店接到一位车主的电话，该车主反映他的爱车挡风玻璃的雨刮器工作不是很好，雨刮器在使用的时候刮不干净，给驾驶带来一定安全隐患，询问是否需要进行维修。如果让你对此车进行相应的检查，必要时进行更换相关部件，你会吗？

学习目标

※知识目标：　理解电动雨刮器的作用、类型及组成。
　　　　　　　理解雨刮电动机的结构。
　　　　　　　理解刮水片的作用与分类。
　　　　　　　理解风窗清洗器的作用及组成。

※技能目标：　能正确进行雨刮器的检测与维护。
　　　　　　　能正确进行挡风玻璃清洗系统的检测与维护。

※素质目标：　通过正确维护雨刮器和清洗系统，培养学生安全、细致的
　　　　　　　工作态度。
　　　　　　　通过正确维护雨刮器和清洗系统，培养学生规范、严谨的
　　　　　　　工作意识。
　　　　　　　通过实践操作，培养学生对职业的热情。

任务结构

```
           雨刮器和清洗系统的检测与维护
          ┌──────────────┴──────────────┐
       知识储备                        任务实施
    ├─ 一、雨刮器的作用             ├─ 一、雨刮器和清洗系统使用方法
    ├─ 二、雨刮器的类型             ├─ 二、雨刮器和清洗系统熔断器检查
    ├─ 三、雨刮器的分类及组成       ├─ 三、雨刮器的检测与维护
    ├─ 四、雨刮器电动机的结构       └─ 四、挡风玻璃清洗系统的检测与维护
    ├─ 五、刮水片的作用与分类
    └─ 六、风窗清洗器
```

🔧 **知识储备**

6.1.1 雨刮器的作用

雨刮器的作用是清除风窗玻璃上的雨水、雪或尘土，以保证驾驶员良好的视线，如图 6-1 所示。

雨刮开关：用来控制雨刮器工作的组合式开关。通常为手柄式，安装在方向盘下的转向柱上，以便于驾驶员操作。

图 6-1　雨刮器

6.1.2 雨刮器的类型

因驱动装置的不同，雨刮器的发展经历了手动、真空、气动以及电动等过程，目前的汽车雨刮系统均为电动系统。电动雨刮器如图 6-2 所示。

图 6-2　电动雨刮器

6.1.3 雨刮器的分类及组成

1. 拉杆传动式

拉杆传动式雨刮器主要由直流电动机、蜗轮箱、曲柄、连杆、摆杆、摆臂和刮水片等组成。一般电动机和蜗杆箱结合成一体组成雨刮器电机总成。曲柄、连杆和摆杆等杆件可以把蜗轮的旋转运动转变为摆臂的往复摆动，使摆臂上的刮水片实现刮水动作，如图 6-3 所示。

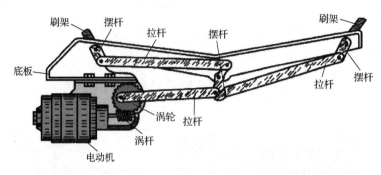

图 6-3　拉杆传动式雨刮器

2. 柔性齿条式

如图 6-4 所示为新型柔性齿条式雨刮器，与拉杆传动式雨刮器相比，具有体积小、噪声低等优点，而且可将刮水电动机总成安装在空间较大的地方，便于维修。

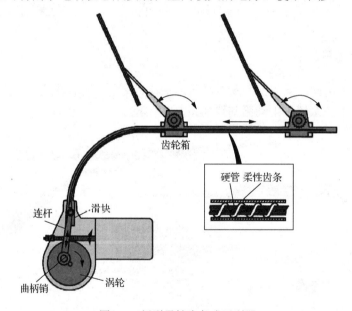

图 6-4　新型柔性齿条式雨刮器

6.1.4　雨刮器电动机的结构

雨刮器一般采用变速电动机，雨刮器的变速是利用直流电动机的变速原理来实现的。电动机常见有绕线式和永磁式两种，绕线式雨刮器电动机的磁极用励磁绕组，通电时产生磁场，而永磁式雨刮器电动机的磁极用永久磁铁制成，目前应用较多的是永磁式。永磁式雨刮器电动机如图 6-5 所示。

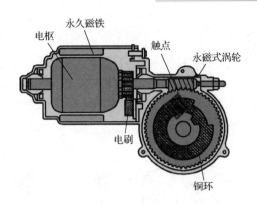

图 6-5　永磁式雨刮器电动机

6.1.5　刮水片的作用与分类

刮水片，又叫雨刮，是汽车常用的车身附件，主要用来在雨天刮除挡风玻璃上的雨水，也可用于洗涤挡风玻璃。刮水片是消耗品，刮水片的正常工作直接影响到行车的安全及驾驶的舒适性，建议定期检查和更换。

刮水片的动力源来自电动机，它是整个刮水片系统的核心。好的刮水片必须具备耐热、耐寒、耐酸碱、抗腐蚀、能贴合挡风玻璃、减轻马达负担、低噪声、拨水性强、质软不刮伤挡风玻璃等特点。

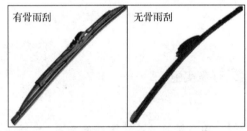

图 6-6　刮水片

刮水片分为有骨雨刮和无骨雨刮两种，如图 6-6 所示，它们的区别主要在于结构和作用原理，产品价格也有区别。

有骨雨刮的原理是通过骨架上的若干支撑点把刮水片压在玻璃上，使刮水片上的各个支撑点的压力平均。在使用的过程中，由于有骨雨刮各个支撑点的压力平均，磨损的程度也平均，刮水片和玻璃之间容易出现摩擦的噪声，不易刮去杂质。

无骨雨刮本身是由雨刮胶条、无骨雨刮钢片、雨刮护套和塑料件四种配件组成。无骨雨刮中的钢片利用一整根导力钢片条来分散压力，使刮水片各部分受力均匀，以达到减少水痕、擦痕的效果。钢片外层包裹有电镀层，使其更加耐锈。

另外，无骨雨刮钢片的弹性比一般有骨雨刮钢片更好一些，可降低抖动磨损，再加上其受力均匀、防日晒、结构简单、重量更轻等特性，因此无骨雨刮的电动机和刮片寿命比传统雨刮至少要延长一倍。

6.1.6　风窗清洗器

1．风窗清洗器的作用

风窗清洗器与雨刮器配合使用，可以使汽车风窗雨刮器更好地完成刮水工作并获得更好的刮水效果。

2. 风窗清洗器的组成

风窗清洗器的组成如图 6-7 所示，主要由储液罐、洗涤泵、软管、喷嘴等组成。大多数汽车使用容积式或者离心式洗涤泵，洗涤泵位于储液灌中，通过安装在雨刮组合开关上的瞬时接触开关给洗涤泵供电。洗涤泵一般由永磁直流电动机和离心叶片泵组装成为一体，在离心叶片泵的进口处设置有滤清器。

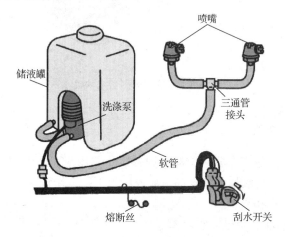

图 6-7　风窗清洗器的组成

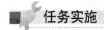 任务实施

6.1.7　雨刮器和清洗系统使用方法

步骤	作业内容	操作图片
1	雨刮器及清洗器运行时，点火开关必须位于 ON 位置，雨刮器及清洗器各挡位的使用如下： ①风挡玻璃雨刮器间歇操作 ②风挡玻璃雨刮器低速操作 ③风挡玻璃雨刮器高速操作 ④风挡玻璃雨刮器临时操作 ⑤增大间歇式风挡玻璃雨刮器频率 ⑥减小间歇式风挡玻璃雨刮器频率 ⑦喷洗器/雨刮器双重操作（此时雨刮器自动运行）	

步骤	作业内容	操作图片
2	清洗液液位检查： （1）如果清洗液液位位于 LOW，则应该及时添加清洗液 （2）通过液位标尺上的液位观察孔观察，如果液位降低至第二个观察孔（LOW 以下），则应该及时添加清洗液 注意：发动机很热或运转时，请勿添加清洗液，因为清洗液中含有酒精，如果溅到高温的发动机上可能会导致起火	

6.1.8　雨刮器和清洗系统熔断器检查

步骤	作业内容	操作图片
1	在点火开关接通至点火挡情况下，检查仪表板熔断器盒上的前车窗刮水器 NO.2 和车窗喷洗器两个熔断器，熔断器两端应该均有 12V 以上的电压	
2	也可以取下熔断器，用万用表的欧姆挡测量熔断器的电阻，应为 0Ω	

6.1.9 雨刮器的检测与维护

步骤	作业内容	操作图片
1	前期准备： 操作前准备好工具、设备及相关辅助用品	
2	车辆防护： 确认点火开关置于 OFF 位置，安装地板垫，安装座椅套，安装转向盘套	
3	刮水片的维护： 第一步：雨刮器工作情况检查 在发动机运转状态下，操作雨刮器开关置于各速挡。先按喷淋，再确认刮水片动作情况	
	刮水片的拆卸 第二步：刮水片的拆卸 可将刮水臂用抹布裹住或给挡风玻璃放置防护垫，轻轻将臂放下，以防划伤玻璃，或击碎玻璃	

续表

步骤	作业内容	操作图片
3	第三步：安装刮水片	
4	雨刮器的拆卸： 第一步：雨刮器刮水臂的拆卸 用"一"字开刀撬开装饰盖，拧下雨刮器刮水臂固定螺母，用力拔下雨刮器刮水臂 刮水臂的拆卸	
	第二步：进风口格栅板的拆卸 用工具拆下进风口格栅板的固定卡子	
	第三步：挡风玻璃雨刮器电动机及连杆总成拆卸 拔下雨刮器电动机的插头，拆下雨刮器电动机的固定螺栓	

6.1.10 挡风玻璃清洗系统的检测与维护

步骤	作业内容	操作图片
1	前期准备： 操作前准备好工具、设备及相关辅助用品	
2	车辆防护： 确认点火开关置于 OFF 位置，安装地板垫，安装座椅套，安装转向盘套，拉起发动机舱盖释放杆	
3	挡风玻璃清洗系统的检测与维护： 第一步：检查并添加玻璃水 打开标有挡风玻璃清洗标志的蓝色盖子，检查玻璃水的量，不够时进行添加	

步骤	作业内容	操作图片
3	第二步：检查清洗喷射位置 在发动机运转状态下，操作雨刮器开关，检查清洗喷射位置是否正确	
	第三步：调整或疏通喷嘴 使用别针对喷水口的位置进行调整，调整时注意力度，一边调整一边进行测试	

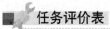

任务评价表

雨刮器和清洗系统的检测与维护任务评价表

姓名：　　　　班级：　　　　学号：　　　　　　日期：

序号	学习目标	学习目标达成情况		
		能	不能	不能达成的原因
1	理解电动雨刮器的作用、类型及组成			
2	理解雨刮器电动机的结构			
3	理解刮水片的作用与分类			
4	理解风窗清洗器的作用及组成			
5	能正确进行雨刮器的检测与维护			
6	能正确进行挡风玻璃清洗的检测与维护			

任务 6.2　电动车窗、座椅、后视镜及天窗的检测与维护

情境描述

　　近日小王所在的一汽丰田 4S 店接到一位车主的电话，该车主反映他的丰田卡罗拉车窗不能升降了，咨询能不能在小王这里进行检查、维修，如果让你对此车进行相应的检查，必要时进行更换相关部件，你会吗？

学习目标

　　※知识目标：理解电动车窗的作用及组成。
　　　　　　　　理解电动天窗的组成。
　　　　　　　　理解电动后视镜的作用及组成。
　　　　　　　　理解电动座椅的作用及组成。
　　※技能目标：能正确使用电动车窗、电动座椅。
　　　　　　　　能正确进行电动车窗熔断器及继电器的检测。
　　　　　　　　能正确进行电动车窗的拆装与更换。
　　　　　　　　电动天窗的检查与维护。
　　※情感目标：通过正确的拆装实训操作，培养学生安全、细致的工作态度。
　　　　　　　　通过正确的拆装实训操作，培养学生规范、严谨的工作意识。
　　　　　　　　通过实践操作，培养学生对职业的热情。

任务结构

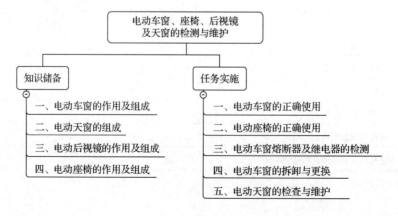

6.2.1 电动车窗的作用及组成

1. 电动车窗的作用

电动车窗的作用是利用电动机驱动玻璃升降器，来实现车窗玻璃的上下移动，方便驾驶员和乘客。

2. 电动车窗的组成

电动车窗主要由车窗、车窗调节器、电动机和控制开关等组成，如图 6-8（a）所示。电动车窗系统的控制开关，如图 6-8（b）所示。

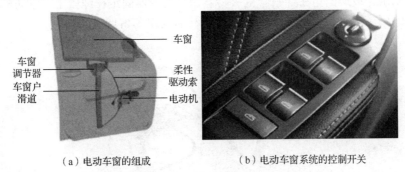

（a）电动车窗的组成　　　　　（b）电动车窗系统的控制开关

图 6-8　电动车窗

电动车窗的电动机是双向的，有永磁式和双绕组式两种。现在汽车的每一个车窗上都装有一个电动机，通过开关控制它的电流方向，使车窗玻璃上升或下降。

电动车窗系统的控制开关一般有两套，一套为总开关，安装在仪表板或驾驶员侧的车门上，由驾驶员控制每个车窗玻璃的升降；另一套为分开关，安装在每个车门扶手上或每个车窗中部，可由乘客控制车窗玻璃的升降。

3. 车窗升降器

车窗升降器有齿扇式、齿条式和绳轮式等形式。

齿扇式升降器如图 6-9 所示。齿扇上连有螺旋弹簧，当车窗玻璃下降时螺旋弹簧收缩，吸收能量；当车窗玻璃上升时螺旋弹簧伸展，释放能量，以减轻电动机的负荷。当电动机转动时，通过蜗轮、蜗杆减速并改变旋转方向，使齿扇转动，带着车窗进行升降。

齿条式升降器如图 6-10 所示。齿条式升降器采用柔性齿条和小齿轮，车窗玻璃固定在齿条的一端，当电动机转动时，通过蜗轮、蜗杆减速机构将动力传给小齿轮，小齿轮带动齿条移动，最终实现车窗玻璃的升降。

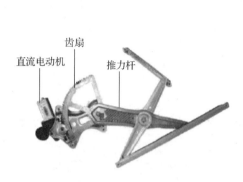

图 6-9　齿扇式升降器

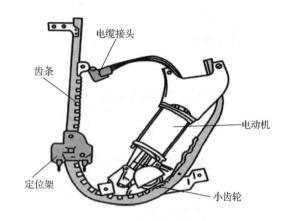

图 6-10　齿条式升降器

绳轮式升降器如图 6-11 所示。绳轮式升降器由电动机、绳索、玻璃升降导轨、导轮、减振弹簧等组成，玻璃固定在导轨上的夹持器上，夹持器固定在绳索上，电动机转动时驱动绳索运动，绳索带动夹持器和玻璃一起移动，从而实现车窗玻璃的升降。

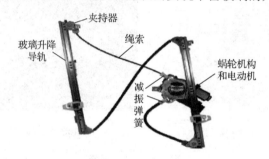

图 6-11　绳轮式升降器

6.2.2　电动天窗的组成

汽车的电动天窗通常称之为太阳车顶或电动车顶，这是汽车移动式车顶的一种，即在车厢的顶部可以打开或关闭部分车顶，以改善车厢内的采光，还有通风、通气等作用，如图 6-12 所示。电动天窗主要由天窗电动机、控制开关、限位开关、控制模块等组成。

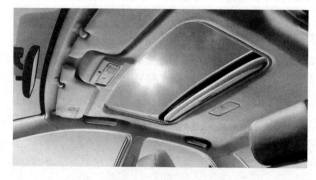

图 6-12　电动天窗

1. 天窗电动机

天窗电动机通过传动装置向天窗的开闭提供动力，能双向转动，即通过改变电流的方向改变电动机的旋转方向，从而实现天窗的开闭。天窗电动机如图6-13所示。

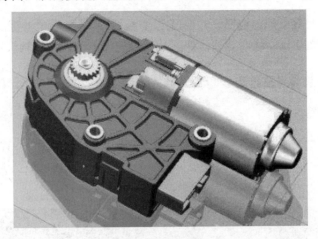

图6-13　天窗电动机

2. 控制开关

控制开关主要包括滑动开关和斜升开关。滑动开关有滑动开启、滑动关闭和断开（中间位置）三个挡位。斜升开关也是有斜升、斜降和断开（中间位置）三个挡位。通过操作这些开关，控制天窗驱动机构的电动机实现正反转，实现不同状态的工作，控制开关如图 6-14所示。

图6-14　控制开关

3. 限位开关

限位开关主要是用来检测天窗所处的位置。限位开关靠凸轮转动来实现断开和闭合。凸轮安装在驱动机构的动力输出端，当电动机将动力输出时，通过驱动齿轮和滑动螺杆减速以后带动凸轮转动，于是凸轮周边的凸起部位触动开关使其开闭，以实现对天窗的自动控制。

4. 控制模块

控制模块是一个数字控制电路，并设有定时器、蜂鸣器和继电器等，其作用是接受开关输入的信息，通过数字电路进行逻辑运算，确定继电器的动作，控制天窗开闭。

6.2.3　电动后视镜的作用及组成

1. 电动后视镜的作用

后视镜有助于驾驶员观察车辆后方和两侧的情况，对驾驶员安全行车和驻车都非常重要，如图 6-15 所示。电动后视镜是指车外两侧的后视镜可以通过电动方式实现调节，大大方便了驾驶员，主要体现在驾驶员行车和倒车两方面。

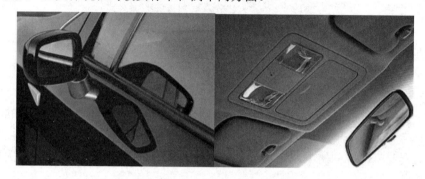

图 6-15　后视镜

驾驶员在行车时，通过后视镜调节按钮对左右两侧电动后视镜的角度进行调节，获得良好的后方视野。驾驶员在倒车时，通过电动后视镜下翻调节功能，便于观察车辆与路沿的距离，避免出现剐蹭。

2. 电动后视镜的组成

汽车电动后视镜一般由镜片、驱动电动机、控制开关（左右调整开关和后视镜开关）等组成，如图 6-16 所示。

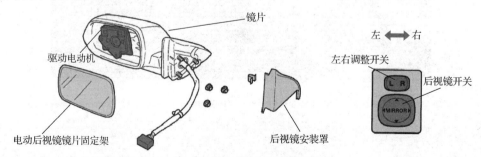

图 6-16　电动后视镜的组成

3．电动后视镜的调节

每个后视镜镜片背后都有两个可逆电动机，可操纵镜片上下及左右转动。通常上下方向和左右方向的转动各由一个永磁电动机控制。通过改变电动机的电流方向，即可完成后视镜的上下及左右调整。有的电动后视镜还带有伸缩功能，由伸缩开关控制电动机工作，使整个后视镜回转伸出或缩回。电动后视镜的调节如图 6-17 所示。

图 6-17　电动后视镜的调节

6.2.4　电动座椅的作用及组成

1．电动座椅的作用

为了给驾驶员以及乘客提供便于操作、舒适、安全、不易疲劳的驾乘位置，满足不同体型乘客对座椅的需求，现在大多数车辆都配备了座椅可调节装置。

按照调节方式的不同，电动座椅可以分为手动调节式和电动调节式，而电动调节座椅又可以分为普通电动调节座椅和带记忆功能电动调节座椅。电动调节式座椅因为操作方便、结构简单而被广泛使用。

2．电动座椅的组成

普通电动座椅一般由若干个双向直流电动机、座椅开关、传动机构和控制装置（ECU）等组成。其结构和电动机安装位置如图 6-18 所示。

（1）电动机

电动座椅中使用的电动机一般为永磁式双向直流电动机，通过控制开关来改变流经电动机内部的电流方向，从而实现转动方向的改变，如图 6-19 所示。

（2）座椅开关

座椅开关主要是用来调整座椅的各种位置。当按下此开关后，电控单元就会控制相应电动机运转，按照驾驶员的要求调整座椅的位置，如图 6-20 所示。

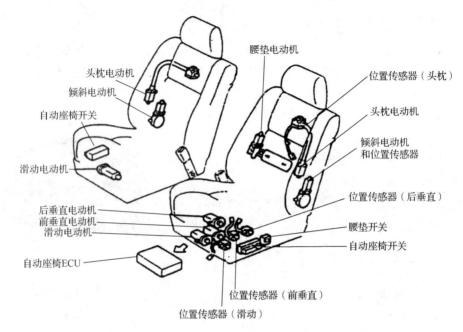

图 6-18　电动座椅的结构和电动机安装位置

图 6-19　电动机

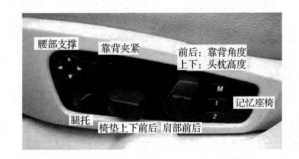

图 6-20　座椅开关

（3）传动装置

电动座椅的传动装置主要包括电动机、驱动软轴、托架和变速器等，如图 6-21 所示。变速器的作用是降速增矩。电动机轴分别与软轴相连，软轴再和变速器的输入轴相连，动力经过变速器降速增矩以后，从变速器的输出轴输出，变速器的输出轴与蜗杆轴或齿轮轴相连，最终蜗轮蜗杆或齿轮齿条带动座椅支架产生位移。

（4）控制装置（ECU）

ECU 主要用来控制靠手动调节开关的座椅调节装置，也能根据从转向柱倾斜与 ECU、位置传感器等送来的信号存储座椅位置。它根据驾驶员的不同体型和喜好的驾驶姿势，将座椅调整到驾驶员所期望的位置。

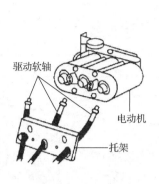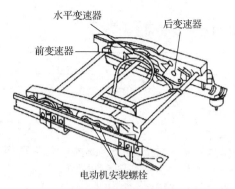

（a）电动机及软轴　　　　　（b）传动机构

图 6-21　普通电动座椅的传动装置

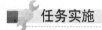任务实施

6.2.5　电动车窗的正确使用

电动车窗的正确使用

步骤	作业内容	操作图片
1	卡罗拉电动车窗有两套控制开关： （1）主控开关，安装在驾驶员侧车门扶手上或仪表板，由驾驶员控制车窗玻璃升降。4个开关对应4个车窗，右前开关标有AUTO，说明只有右前车窗具有一键升降功能	
2	（2）分控开关，安装在乘客侧车窗中部，可由乘客操纵。主控开关上还安装有控制分开关的总开关，如果断开它，分开关就不起作用	

6.2.6 电动座椅的正确使用

步骤	作业内容	操作图片
1	电动座椅角度调节： 卡罗拉驾驶员座椅位置调节开关，按照图片中箭头所示的方向，可以实现座椅的位置升降、前后滑动、座椅靠背倾角调节以及靠背腰部支撑的调节	靠背倾角调节开关 座椅位置滑动开关 腰部支撑调节开关 座椅位置升降开关
2	座椅加热器的使用： 在使用座椅加热时，要先打开点火开关，然后按下对应侧的座椅加热开关的"HI"（高温）或"LO"（低温）端，即可实现座椅的温度调节。当按下座椅加热开关时，对应端的指示灯马上就会点亮，表明座椅加热器正在开始加热	高温 HI HI 高温 低温 LO LO 低温

6.2.7 电动车窗熔断器及继电器的检测

步骤	作业内容	操作图片
1	熔断器的检测： 在点火开关接通至点火挡情况下，检查驾驶员侧仪表板下方的仪表板接线盒，仪表板熔断器盒上的左后车门、右后车门及右前车门熔断器两端应该均有 12V 以上的电压。或者最下方熔断器两端的电阻应该趋近 0Ω	

步骤	作业内容	操作图片
2	继电器的检测： （1）从仪表板总成接线盒上拆下电动车窗继电器 （2）对其进行检测	

6.2.8　电动车窗的拆卸与更换

步骤	作业内容	操作图片
1	前期准备： 操作前准备好工具、设备及相关辅助用品	
2	车辆防护： 确认点火开关置于 OFF 位置，安装地板垫，安装座椅套，安装转向盘套，拉起发动机舱盖释放杆	
3	车门内饰板的拆卸： 第一步：拧下固定螺栓 将门把手和解锁位置的装饰板用工具撬开，然后拧下两颗门饰板的固定螺栓	
	第二步：拆下门角的装饰件	

续表

步骤	作业内容	操作图片
3	第三步：拆下车门内饰板 使用工具将车门内饰板的卡子撬开，用手扳正车门内饰板，拔下线束的插头	
4	摇窗机总成的拆卸： 第一步：取下车门上的隔音密封膜	
	第二步：分解车窗玻璃与摇窗机托架 用封箱带固定车窗玻璃，预松车窗玻璃与托架固定螺丝	

步骤	作业内容	操作图片
4	第三步：拆卸摇窗机托架固定螺栓	
	第四步：取出摇窗机托总成，拔下电机插头	

6.2.9　电动天窗的检查与维护

步骤	作业内容	操作图片
1	前期准备： 操作前准备好工具、设备及相关辅助用品	
2	车辆防护： 确认点火开关置于 OFF 位置，安装地板垫，安装座椅套，安装转向盘套，拉起发动机舱盖释放杆	

天窗的检查

续表

步骤	作业内容	操作图片
3	天窗的检查： 第一步：天窗初始位置的检查	
	第二步：天窗开启位置的检查	
	第三步：天窗轨道的检查，检查里面是否有异物	
	第四步：天窗降噪网的检查	

续表

步骤	作业内容	操作图片
3	第五步：天窗排水孔的检查 方法是用压缩空气吹一下	
4	天窗电机的更换： 第一步：开关饰板的拆卸 用工具轻轻撬开开关饰板，拆下两颗室内灯的固定螺栓，取下室内灯总成	
	第二步：电动机的拆卸 拔下车窗电动机的线束插头，用工具拧下三颗车窗电动机固定螺栓，用手取下车窗电动机，注意车窗要处于关闭位置	
	第三步：天窗的密封性测试 把水倒在天窗上进行密封性测试	

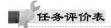 汽车电气设备检测与维护（含工作页）

任务评价表

电动车窗、座椅、后视镜及天窗的检测与维护任务评价表

姓名：　　　　　班级：　　　　　学号：　　　　　　日期：

序号	学习目标	学习目标达成情况		
		能	不能	不能达成的原因
1	理解电动车窗的作用及组成			
2	理解电动天窗的组成			
3	理解电动后视镜的作用及组成			
4	理解电动座椅的作用与组成			
5	能正确使用电动车窗及座椅			
6	能正确进行电动车窗熔断器及继电器的检测			
7	能正确进行电动车窗的拆卸与更换			
8	能正确进行电动天窗的检查与维护			

为了保证车辆的安全，驾驶员在离开车辆时都需要利用中央门锁系统锁门，目前使用最多的是遥控门锁系统，除此之外车辆上还安装了防盗系统，当车辆出现非法入侵时，会触发防盗报警系统。通过本项目的学习，学生能够掌握中控及防盗系统的相关知识和必备技能，从而能够对故障进行检修与排除。

知识目标

1. 掌握汽车中央门锁系统的作用及组成。
2. 掌握汽车遥控门锁系统的作用、组成及原理。
3. 掌握汽车防盗系统的功能、类型、组成。
4. 掌握汽车无钥匙进入系统的原理。

能力目标

1. 能够正确使用汽车防盗系统，并进行防盗指示灯检查。
2. 能够进行发动机舱监控开关检查。
3. 能够进行防盗喇叭检查。

素质目标

1. 通过正确检查中控及防盗系统，培养学生安全、细致的工作态度。
2. 通过实车相关故障的检测与排除，培养学生严谨、规范的工作意识。
3. 通过理实一体化项目教学，培养学生的工匠精神和职业热情。

任务 7.1　中控系统的检测与维护

情境描述

　　小明在某丰田汽车 4S 店做维修接待两年了。有一天，客户王先生开着一辆卡罗拉汽车来到 4S 店，王先生反映该车无法通过驾驶员侧车门上的中控按钮对车门进行上锁，但是遥控门锁功能正常。

　　如果你是小明，请你负责该车辆接待，给王先生介绍汽车中控系统的组成、功能及正确使用方法，并完成汽车中央门锁系统初步检查，与客户完成关于中央门锁系统故障的初步沟通。

学习目标

※知识目标：理解中央门锁系统的作用。

　　　　　　理解中央门锁系统的组成。

　　　　　　理解遥控门锁系统的作用、组成及原理。

※技能目标：能正确使用中央门锁。

　　　　　　能正确使用遥控门锁并进行遥控器电池的更换。

　　　　　　能正确进行中央门锁熔断器的检测。

　　　　　　能正确进行中央门锁控制开关的检测。

※素质目标：通过正确使用中央门锁及遥控门锁，培养学生安全、细致的工作态度。

　　　　　　通过正确检测熔断器及继电器，培养学生规范、严谨的工作意识。

　　　　　　通过实践操作，培养学生对职业的热情。

 任务结构

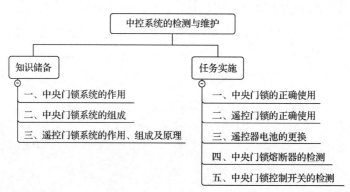

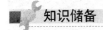

7.1.1 中央门锁系统的作用

由电动机或电磁铁操纵的车门锁称为电动门锁。随着对汽车安全性和方便性要求的不断提高，大多数轿车都配备了中央控制门锁系统。

中央控制门锁简称为中央门锁或中控门锁，它实现了驾驶员对门锁的集中控制。装有中央门锁系统的汽车，在锁上或打开驾驶员车门时，其他所有车门锁（包括后备厢门锁）都被上锁或者开锁。除了中央门锁控制外，乘客还可以利用各车门的机械锁来开关车门。

7.1.2 中央门锁系统的组成

汽车中央门锁系统一般由信号输入装置（门锁控制开关、钥匙控制开关、后备厢门锁开关）、控制单元和执行机构（门锁总成）等三部分组成，如图 7-1 所示。

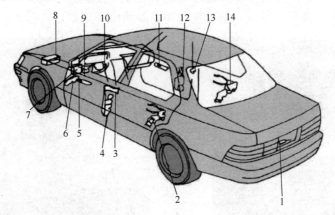

1—后备厢门锁开关；2—左后门锁电动机和位置开关；3—左前车门钥匙控制开关；4—左前门锁电动机和位置开关；
5—左前门锁控制开关；6—1 号接线盒（断路器）；7—防盗和门锁控制单元；8—2 号接线盒（DOME 熔断器）；
9—驾驶室内后备厢门锁开关；10—点火开关；11—右前门锁控制开关；12—右前门锁电动机和位置开关；
13—右前车门钥匙控制开关；14—右后门锁电动机和位置开关。

图 7-1 中央门锁系统的组成

1. 信号输入装置

（1）门锁控制开关
门锁控制开关一般安装在驾驶员侧车门内侧门板上，如图 7-2 所示。
（2）钥匙控制开关
钥匙控制开关也叫钥匙操纵开关，钥匙控制开关装在每个前门的门板上，当从车外用钥匙开门或关门时，钥匙控制开关便发出开门或锁门的信号给门锁控制单元或门锁控制继电器。钥匙操纵开关如图 7-3 所示。

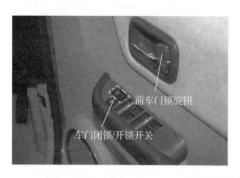

图 7-2　门锁控制开关

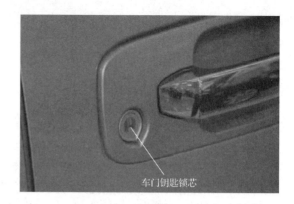

图 7-3　钥匙控制开关

（3）后备厢门锁开关

一般该开关位于仪表中控面板上面或驾驶员座椅左侧车厢底板上，按下或者拉动此开关便能打开后备厢门，如图 7-4 和图 7-5 所示。后备厢的钥匙门靠近其开启器，推压钥匙门，断开后备厢内主开关，此时再拉开启器开关也不能打开后备厢门。将钥匙插进钥匙门内顺时针旋转打开钥匙门，主开关接通，这样便可用后备厢门开启器打开后备厢。

图 7-4　中控面板后备厢按钮

图 7-5　后备厢拉起式开关

2. 控制单元

门锁控制单元的作用是接收输入装置送来的信号，并对这些信号进行处理，然后向执行器发出控制指令，控制执行机构实现锁门或者开锁。

3. 执行机构

（1）门锁电机

门锁电机一般有电动机和电磁铁两种形式。电动机操作的车门锁体积小、耗电少，工作时噪声小；而电磁铁操作的车门锁结构简单，动作敏捷，但体积大、质量大，工作时有撞击声。门锁电机如图 7-6 所示。

（2）后备厢门开启器

后备厢门开启器开关装在后备厢门上，拉动此开关便能打开后备厢门，如图 7-7 所示。不同车的后备厢门开启器开关有所不同，图 7-7 中所示的后备厢门开启器开关操作时，先用钥匙顺时针旋转打开后备厢门开启器主开关，然后再使用后备厢门开启器开关打开后备厢门。

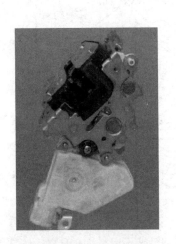

图 7-6　门锁电机

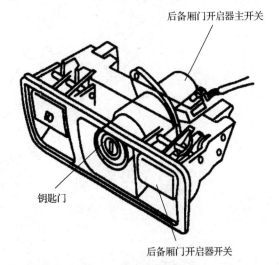

图 7-7　后备厢门开启器

7.1.3　遥控门锁系统的作用、组成及原理

1. 遥控门锁系统的作用

作为改进驾驶员满意度的一种手段，遥控门锁系统自应用以来，一直受到人们的欢迎。具体而言，这种系统可允许使用遥控发射器完成车门的锁止、解锁以及后备厢的开启操作。它允许驾驶员和乘客更方便地进入车辆，尤其是在坏天气或携带较重行李的情况下。

2. 遥控门锁系统的组成

汽车遥控门锁系统的组成如图 7-8 所示，它是在中控门锁系统的基础上加了遥控接收装置和遥控发射装置，遥控发射器的配置（即按钮的数量和功能）因车型而不同，如图 7-9 所示。遥控接收装置所收到的信号被发送到电动门锁控制装置的回路中，然后电动门锁控制装置将相应地操纵电动门锁机构。

3. 遥控门锁系统的基本工作原理

汽车遥控门锁的基本原理是通过遥控门锁的发射器发出微弱电波，此电波由汽车天线接收后送至中控门锁系统中的 ECU 进行识别对比，若代码一致 ECU 将把信号送至执行器来完成相应的动作，如图 7-10 所示。

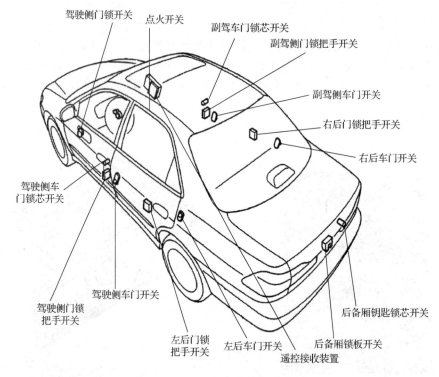

图 7-8　汽车遥控门锁系统的组成

图 7-9　车辆遥控器外形

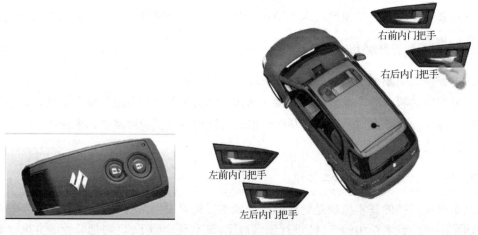

图 7-10　汽车遥控门锁

按下遥控开关的解锁按钮时，转向灯闪烁两次，所有车门均能打开，表示车门已处于解锁状态；按下遥控开关的上锁按钮时，转向灯闪烁一次，所有车门均不能打开，表示车门已处于锁定状态。如果要在车内打开个别车门，可分别拉开各车门的锁扣。

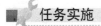

　　任务实施

7.1.4　中央门锁的正确使用

中央门锁的正确使用

1. 用门锁控制开关上锁和解锁

（1）车门上锁

　　当驾驶员进入车内以后，将所有车门关闭，然后按下车内门锁控制开关上锁侧，如图 7-11 所示，就可以对所有车门进行上锁。

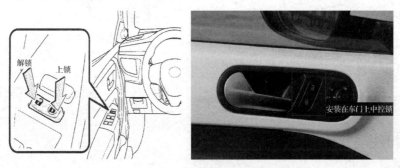

图 7-11　使用门锁控制开关上锁和解锁

（2）车门解锁

　　如果需对已经上锁的车门进行解锁，只需要按下车内门锁控制开关解锁侧就可以了。

2. 用钥匙开关上锁和解锁

　　除了车内门锁控制开关以外还可以通过驾驶员侧车门锁芯开关来实现车门门锁的开关。逆时针拧动钥匙可以实现车门的上锁，顺时针拧动钥匙可以实现车门的解锁，如图 7-12 所示。

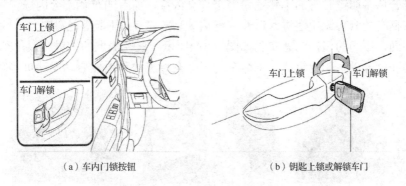

（a）车内门锁按钮　　　　　　　　（b）钥匙上锁或解锁车门

图 7-12　使用钥匙上锁和解锁

注：部分车型的上锁和解锁时钥匙的旋转方向可能会与卡罗拉汽车的刚好相反。

7.1.5 遥控门锁的正确使用

根据车辆配置不同，卡罗拉汽车有的具备无钥匙进入以及一键启动功能，有的不具备这些功能，因此遥控钥匙也会出现相应的不同，如图 7-13 所示。

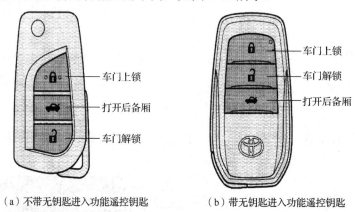

（a）不带无钥匙进入功能遥控钥匙　　　　　（b）带无钥匙进入功能遥控钥匙

图 7-13　遥控钥匙

遥控器上的按键一般由车门上锁键、车门解锁键和打开后备厢键组成，部分车型还会有寻车键。

1. 用遥控器上锁车门

对车辆进行上锁时，要确保车门全部关闭，否则车辆无法进行上锁和进入防盗状态。正常情况下，按下车门上锁键，危险警报灯会闪烁，提醒车辆已经上锁并进入防盗状态。

2. 用遥控器解锁车门

按下车门解锁键，危险警报灯也会闪烁，提醒车辆已经解锁。

3. 打开后备厢

按下打开后备厢键时有的车辆危险警报灯会闪烁，而有的车辆不会闪烁。

目前车辆有的具备无钥匙进入以及一键启动功能，有的不具备这些功能，因此遥控钥匙也会有所不同，不同的遥控钥匙实物如图 7-14 所示。遥控器上的按键一般由车门上锁键、车门解锁键和打开后备厢键组成，部分车型还会有寻车键和遥控启动发动机等功能。

图 7-14　不同的遥控钥匙实物

4. 用机械钥匙开启车门

当出现车辆遥控器没有电、车辆没有电或者遥控器失灵时，则需要用机械钥匙来开启车门，如图 7-15 所示。

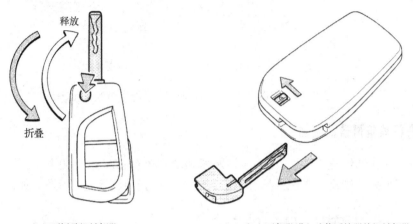

（a）可折叠机械钥匙　　　　　　　　　（b）无钥匙进入功能遥控器的机械钥匙

图 7-15　机械钥匙

不同的遥控器，机械钥匙的取用方法也不相同，如图 7-16 所示。

图 7-16　不同遥控器机械钥匙

7.1.6　遥控器电池的更换

当车辆遥控钥匙的电池电量耗尽后，就需要对遥控器的电池进行更换了。普通遥控器的电池更换方法与无钥匙进入功能的遥控器电池更换方法有所区别，普通遥控电池的更换方法如图 7-17 所示。

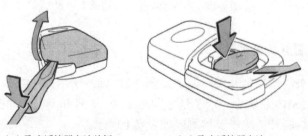

（a）取出遥控器电池盖板　　　　（b）取出遥控器电池

图 7-17　普通遥控电池的更换方法

如图 7-18 所示，为无钥匙进入功能的遥控器电池更换方法。

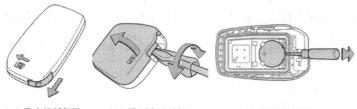

（a）取出机械钥匙　　（b）取下电池盖板　　（c）取出遥控器电池

图 7-18　无钥匙进入功能的遥控器电池更换方法

7.1.7　中央门锁熔断器的检测

点火开关不接通情况下 D/L NO.2 号熔断器两端应该有 12V 以上的电压。如果出现只有一端有电压而另外一端没有电压的情况则应该进一步检查熔断器是否完好，如图 7-19 所示。

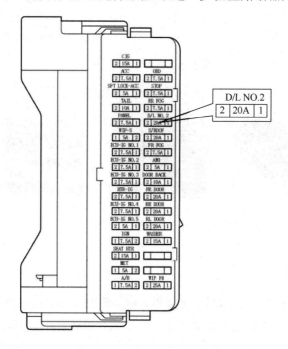

图 7-19　丰田卡罗拉门锁熔断器位置

7.1.8　中央门锁控制开关的检测

中央门锁控制开关的检测

丰田卡罗拉中央门锁控制开关及端子如图 7-20（a）所示，一共 3 个端子，都集中在电动车窗升降器主开关 H6 总成中，端子号分别是 1 号、2 号和 9 号，如图 7-20（b）所示。丰田卡罗拉中央门锁控制开关端子及检测表如表 7-1 所示。

　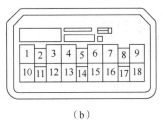

　　　（a）　　　　　　　　　　　　（b）

图 7-20　丰田卡罗拉中央门锁控制开关及端子

表 7-1　丰田卡罗拉中央门锁控制开关端子及检测表

开关状态	测试方法	测试端子	规定条件
LOCK 侧按下	测量电阻	门锁控制开关 H6 的 1 号端子和 2 号端子	导通
常态	测量电阻	门锁控制开关 H6 的 1 号端子和 2 号端子	不导通
UNLOCK 侧按下	测量电阻	门锁控制开关 H6 的 1 号端子和 9 号端子	导通
常态	测量电阻	门锁控制开关 H6 的 1 号端子和 9 号端子	不导通

任务评价表

中控系统的检测与维护任务评价表

姓名：　　　　　班级：　　　　　学号：　　　　　日期：

序号	学习目标	学习目标达成情况		
		能	不能	不能达成的原因
1	理解中央门锁系统的作用			
2	理解中央门锁系统的组成			
3	理解遥控门锁系统的作用、组成及原理			
4	能正确使用中央门锁			
5	能正确使用遥控门锁			
6	能正确进行遥控器电池的更换			
7	能正确进行中央门锁熔断器的检测			
8	能正确进行中央门锁开关的检测			

任务 7.2　防盗系统的检测与维护

情境描述

　　小明在某丰田汽车 4S 店做维修接待两年了。有一天，客户刘先生开着一辆卡罗拉汽车来到 4S 店，刘先生反映车辆闭锁后，该车防盗报警灯不闪了。

　　如果你是小明，请你负责该车辆接待，向刘先生介绍汽车防盗系统的组成、功能及正确使用方法，并完成汽车防盗系统初步检查，与客户完成关于防盗系统故障的初步沟通。

学习目标

※知识目标：理解防盗系统的功能。
　　　　　　理解防盗系统的类型。
　　　　　　理解防盗系统的组成。
　　　　　　理解无钥匙进入系统的原理。

※技能目标：能正确使用防盗系统。
　　　　　　能正确进行防盗指示灯检测。
　　　　　　能正确进行发动机舱监控开关检测。
　　　　　　能正确进行防盗喇叭检测。

※素质目标：通过正确使用防盗系统，培养学生安全、细致的工作态度。
　　　　　　通过正确检测防盗系统，培养学生规范、严谨的工作意识。
　　　　　　通过实践操作，培养学生对职业的热情。

任务结构

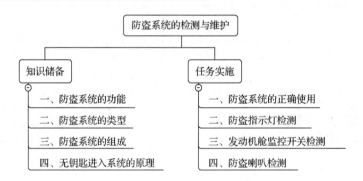

知识储备

7.2.1　防盗系统的功能

1. 报警功能

当使用不正确的方法打开车门、后备厢盖、发动机舱盖时，传感器或开关就能检测到相关信息，并通过防盗 ECU 控制报警装置进行报警。

2. 防止发动机启动功能

当使用非法钥匙启动车辆时，防盗系统会切断起动机控制系统、燃油控制系统或点火控制系统，使发动机无法正常运转，以达到汽车防盗的目的。

3. 寻车功能

在停车场内帮助车主寻找车辆。

4. 行车自动落锁功能

点火后车门自动落锁，熄火后车门自动开锁。

5. 车门未关安全提示功能

行车前车门未关妥，警示灯会连续闪烁数秒；汽车熄火遥控锁门后，若车门未关妥，车灯会不停闪烁，喇叭鸣叫，警示车门没有关好。

6. 遥控中央门锁

当遥控器发射正确信号时，中央门锁自动开启或关闭。

7.2.2　防盗系统的类型

防盗系统按防盗的方式不同可分为机械式防盗系统、电子式防盗系统和网络式防盗系统。

1. 机械式防盗系统

机械式防盗系统是用机械的方法对油路、换挡杆、方向盘、离合器进行控制。机械式防盗装置结构简单、体积大，每次开锁都需用钥匙，比较麻烦且安全性差，现已经被逐步淘汰。

2. 电子式防盗系统

当前使用最广泛的是电子式防盗系统，电子式防盗系统主要靠锁住发动机控制电路或启动电路来达到防盗的目的，同时具有声音和灯光报警功能。电子式防盗系统一般由防盗电控单元、车门锁传感器和喇叭等组成，如图 7-21 所示。

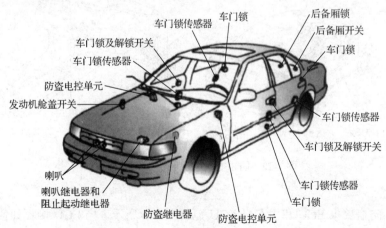

图 7-21　电子式防盗系统组成

当电子防盗系统启动后，如果非法移动车辆，打开车门、发动机舱盖、后备厢盖时防盗器会立刻报警；如果用非法的钥匙启动车辆，防盗 ECU 会切断启动电路、点火电路或供油电路来阻止发动机启动。

3. 网络式防盗系统

网络式防盗系统大多采用卫星定位跟踪系统，也称为 GPS 系统，除了靠锁定点火和启动油路之外，同时还可通过 GPS 系统将报警信息和报警车辆所在的位置传送到报警中心，利用这个系统还可以实现交通事故、抢劫等自动报警功能。

7.2.3 防盗系统的组成

目前广泛使用的汽车电子式防盗系统主要分为防止非法进入车辆系统和阻止发动机启动防盗系统两种类型。

1. 防止非法进入车辆系统

防止非法进入车辆系统的组成，如图 7-22 所示。主要由防盗电脑，车身控制模板，各种开关（包括发动机罩开关、后备厢盖微开开关、车门微开开关、点火开关、电机和位置开关等），报警装置（包括警报喇叭、车辆喇叭、大灯和尾灯、防盗指示灯等）以及相关电气部件等组成。

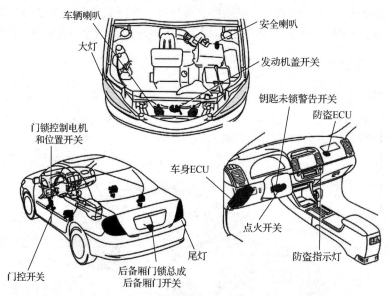

图 7-22　防止非法进入车辆系统的组成

（1）ECU

ECU 包括防盗警报 ECU 和主车身 ECU，如图 7-23 所示。当 ECU 接收到各开关的信号或检测到汽车被盗情况时，报警装置发出报警信号。

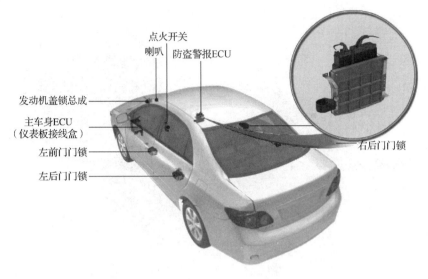

图 7-23　ECU

（2）开关

包括门控开关、发动机罩开关、后备厢门开关、点火开关、钥匙未锁警报开关、门锁位置开关、后备厢门钥匙开锁开关等。其中门控开关、发动机罩开关和后备厢门钥匙开锁开关用于检测各车门、发动机罩、后备厢门的开/闭状态。钥匙未锁警告开关用来检测钥匙是否插进了点火锁芯中。门锁位置开关和后备厢门钥匙开锁开关用来检测各门的锁止/开锁状态。发动机机盖锁总成如图 7-24 所示，左后车门锁总成如图 7-25 所示。

图 7-24　发动机机盖锁总成

（3）报警装置

包括安全喇叭、车辆喇叭、大灯、尾灯和防盗指示灯等。其中防盗指示灯用来指示系统是否处于警戒状态。当系统处于警戒状态时，指示灯闪烁，通知汽车周围的人，此车装有防盗报警系统，防盗喇叭如图 7-26 所示。

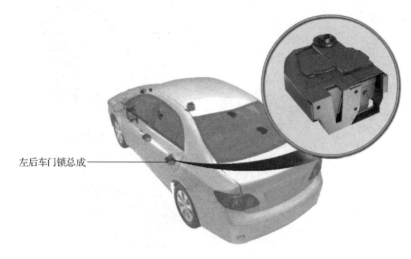

左后车门锁总成

图 7-25　左后车门锁总成

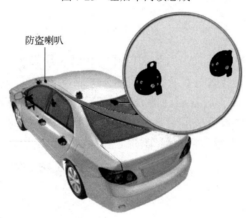

防盗喇叭

图 7-26　防盗喇叭

当启动防盗报警系统后，只有通过遥控器发出的开锁信号或用车钥匙插入锁孔开关，才能使防盗 ECU 解除警戒状态，正常开门。否则，防盗 ECU 会根据各种开关信号及 ECU 反馈信号判定为非法开启，于是接通喇叭线路和各种报警装置进行报警。防盗报警系统工作原理如图 7-27 所示。

2. 阻止发动机启动防盗系统

（1）组成

第三代阻止发动机启动防盗系统组成如图 7-28 所示，主要由带脉冲转发器的钥匙、识读线圈、防盗 ECU 和防盗指示灯等组成。

1）带脉冲转发器的钥匙。每把钥匙都有棒状转发器，内含有运算芯片和一个细小电磁线圈。该系统工作期间，其线圈与点火锁芯中的识读线圈以感应方式进行通信，以便在转发器运算芯片与防盗报警 ECU（控制单元）之间传输各种信息。

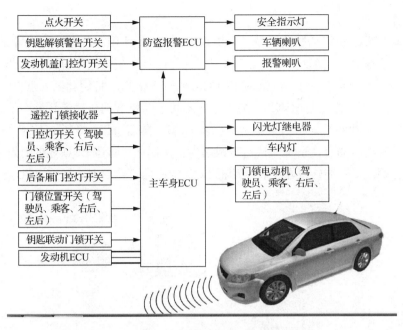

图 7-27 防盗报警系统工作原理

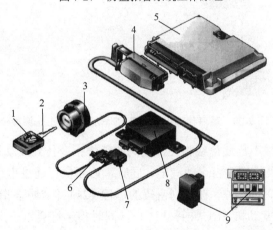

1—脉冲转发器；2—汽车钥匙；3—识读线圈；4、6、7—连接器；
5—发动机控制单元；8—防盗 ECU；9—防盗指示灯。

图 7-28 第三代阻止发动机启动防盗系统组成

2）识读线圈。识读线圈也叫收发线圈，安装在点火锁芯上，通过导线与防盗 ECU 相连，作为防盗 ECU 的负载，担负着防盗 ECU 与脉冲转发器之间信号及能量的传输任务。

3）防盗 ECU。防盗 ECU 是一个包括微处理器的电子控制器，在点火开关接通时，防盗 ECU 用于系统密码运算、比较，并控制整个系统的通信，包括与脉冲转发器、发动机 ECU 的通信，同时还可以与诊断仪进行通信。

173

（2）工作原理

第三代阻止发动机启动防盗系统工作原理如图 7-29 所示。汽车防盗报警系统安装匹配后，防盗 ECU 便存储了该车发动机 ECU 的识别密码以及三把钥匙中脉冲转发器的识别密码，同时每个脉冲转发器也存储了相应的防盗 ECU 的有关信息。将钥匙插入点火锁芯并接通点火开关时，防盗 ECU 首先通过锁芯上的识读线圈将一随机数据传输给钥匙中的脉冲转发器，经特定运算后，脉冲转发器将结果反馈给防盗 ECU，防盗 ECU 将其与 ECU 中存储的识别密码相比较，若密码吻合，系统即认定该钥匙为合法钥匙。防盗 ECU 还要对发动机 ECU 进行识别，只有钥匙（脉冲转发器）和发动机 ECU 的密码都吻合时，防盗 ECU 才容许发动机 ECU 工作。

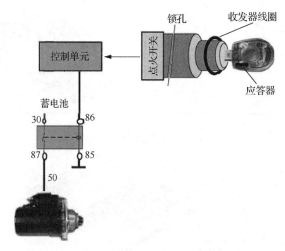

图 7-29　第三代阻止发动机启动防盗系统工作原理

防盗 ECU 通过一根串行通信线将经过编码的工作指令传到发动机 ECU，发动机 ECU 根据防盗 ECU 的数据来决定是否启动汽车。同时，诊断仪可通过串行通信接口（K 线）对系统进行故障诊断、编码等操作。在识别密码的过程（2s）中，防盗指示灯会保持点亮状态。如果有任何错误发生，发动机 ECU 将停止工作，同时指示灯会以一定频率闪烁。

7.2.4　无钥匙进入系统的原理

1. 无钥匙进入系统的作用

无钥匙进入系统是射频识别系统在汽车门禁领域的一次成功应用，可以在不操作遥控钥匙的情况下解锁、锁止和启动汽车。当对有无钥匙进入系统的车辆进行车门解锁或锁定时，只要智能钥匙在感应区范围内（在门把手或低频天线周围0.7～1.0m范围内，如图7-30所示），不需要掏出钥匙，也不用遥控等任何操作，系统就能自动解锁，直接可以拉开车门进入车内，也可以直接打开后备厢。反之，当我们离车之后，也不需要掏出钥匙，系统就能自动落锁。转向信号灯闪烁同时蜂鸣器响起，提示已解锁或锁定。

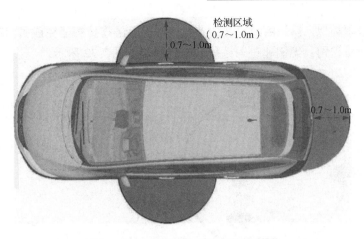

图 7-30　无钥匙进入系统的检测范围

2. 无钥匙进入系统的组成

无钥匙进入系统的组成如图 7-31 所示，主要由无钥匙进入电子控制单元、低频天线、发动机启动/停止按钮、电子转向锁、车门天线/门把手触摸传感器和锁定开关等组成。

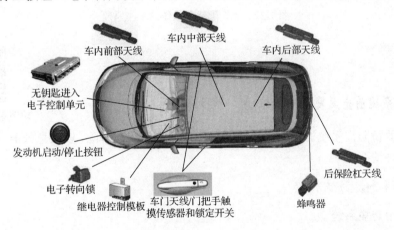

图 7-31　无钥匙进入系统的组成

无钥匙进入电子控制单元是无钥匙进入系统的大脑，负责与电子钥匙的通信及与设备的互动。车门天线/门把手触摸传感器和锁定开关是汽车无钥匙进入系统中实现身份识别功能和发送请求信号的一组传感器，由开门过程识别人手的电容传感器、实现关门动作的锁定开关和车门上的低频天线组成。天线是主机与电子钥匙的通信媒介，接收和发送射频信号，车辆装配有 5～6 根低频天线，一般是左右门上各 1 根，车内 2 根，后备厢 1 根，后保险杠 1 根。

电子钥匙由用户随身携带，用来验证用户的身份。当人手靠近汽车门把手后，门把手触摸传感器向无钥匙进入电子控制单元发出一个感应脉冲。然后，无钥匙进入电子控制单元驱动低频天线向外发送请求信号，电子钥匙接收到此信号后，对无钥匙进入电子控制单元响应识别身份的射频信号，身份识别完成后，由无钥匙进入电子控制单元控制车门自动打开。关门过程和开门过程类似，只是由锁定开关替代了门把手触摸传感器完成关门动作。同样，关门动作也需要身份识别。无钥匙进入系统的工作原理如图 7-32 所示。

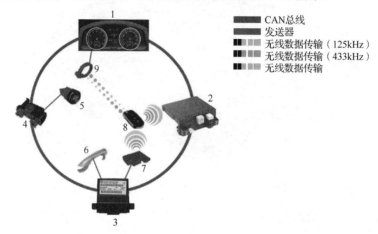

1—仪表板；2—车载电源控制单元 BCM；3—Kessy 系统控制单元；4—电动转向柱锁 ESCL；
5—启动按钮；6—前门把手中的电容式传感器；7—天线；8—钥匙；9—读取线圈。

图 7-32　无钥匙进入系统的工作原理

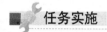 任务实施

7.2.5　防盗系统的正确使用

防盗系统的正确使用

丰田卡罗拉防盗系统的使用主要包括防盗系统的启用与解除，以及意外触发警报时解除防盗警报两种情况。

1. 启用和解除防盗系统

（1）启用防盗系统

① 为防止意外触发警报和物品被盗，应确保车内无人和其他动物，车窗和天窗均已关闭，车内没有贵重物品和其他私人物件。

② 关闭车门、后备厢和发动机舱盖，使用无钥匙进入功能或遥控器锁止所有车门。

③ 观察防盗指示灯工作状态，从持续点亮转换为闪烁，表明防盗系统进入工作状态。

（2）解除防盗系统

① 将合法的钥匙插入点火开关后，防盗指示灯停止闪烁，表明防盗系统已取消。

② 带无钥匙进入和启动系统的车辆，将发动机开关切换至附件挡位（ACCESSORY）或点火挡位后，指示灯停止闪烁，表明防盗系统已取消。防盗指示灯如图 7-33 所示。

2. 无钥匙系统

利用 Kessy 无钥匙系统可以在不操作遥控钥匙的情况下解锁或锁止汽车。无钥匙系统工作都需要一把在有效范围内合法的钥匙，如图 7-34 所示。

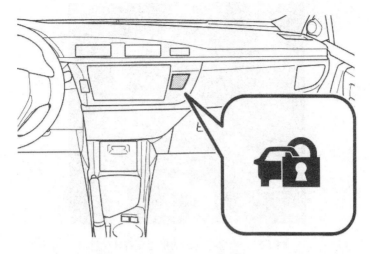

图 7-33　防盗指示灯

（a）无钥匙系统感应区域

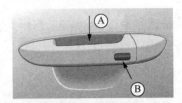
（b）无钥匙进入系统车门把手

图 7-34　无钥匙系统

无钥匙解锁：通过前门拉手或后备厢盖上的按钮将汽车解锁。

无钥匙启动：通过 ZAT 启动按钮启动发动机。

无钥匙闭锁：通过前门拉手之一将汽车锁止。

（1）解锁车门并打开

① 手伸入车门拉手（A）。

② 打开车门。

（2）关闭车门并锁止

① 关闭驾驶员侧车门。

② 触摸车门拉手上的传感区（B）一次，汽车锁止。

通过所有转向信号灯的两次闪烁指示汽车解锁，一次闪烁指示锁止。

3. 应急启动与关闭

（1）应急启动（遥控钥匙内的电池电量较少或已耗尽）

如果无法识别到有效遥控钥匙，则将遥控钥匙头靠近如图 7-35 所示位置，同时按下 ZAT 按钮，可以应急启动发动机。

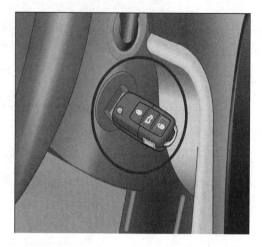

图 7-35 应急启动发动机遥控钥匙位置

（2）应急关闭

如果发动机无法通过短促按下 ZAT 按钮关闭，则必须执行应急关闭：在 1s 内连按两下启动按钮，或按住启动按钮超过 1s。

4. 意外触发警报时解除防盗警报

以下情况均会意外触发警报，防盗系统会利用灯光和声音给予警报。

① 防盗系统启用后使用钥匙解锁车门或后备厢。

② 防盗系统启用后有人非法打开车门、后备厢、发动机舱盖，或有人员使用车内按钮解锁车辆。

③ 车辆锁止后，给蓄电池充电或更换电池等。

使用无钥匙进入功能、无线遥控器解锁或启动发动机数秒后防盗报警解除都可解除防盗警报。

7.2.6 防盗指示灯检测

只有在警戒准备状态和警报鸣响状态下，防盗警报 ECU 才会使安全指示灯点亮或闪烁。

从线束的背面将蓄电池电压施加到指示灯端子之间，检查安全指示灯的状态，如安全指示灯不工作则更换安全指示灯。

防盗指示灯电路如图 7-36（a）所示，在防盗系统设定后应点亮且不断闪烁。否则，应按照如图 7-36（b）所示的方法在其连接器端子 7、8 上加上蓄电池电压，此时，防盗指示灯应亮。

① 若不亮，应更换指示灯泡。

② 若亮，则检修连接器及配线。

③ 若正常，则应检查或更换防盗门锁控制 ECU。

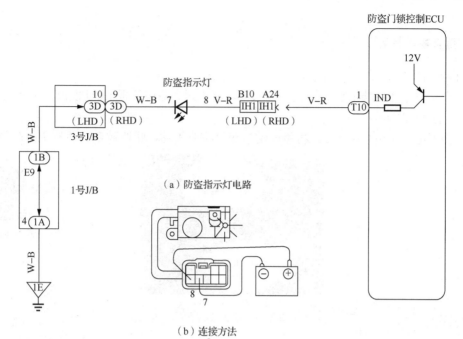

（a）防盗指示灯电路

（b）连接方法

图 7-36 防盗指示灯电路及连接方法

7.2.7 发动机舱监控开关检测

卡罗拉的发动机舱开关与发动机舱锁安装在一起，发动机舱打开时接通，发动机舱关闭时断开，利用万用表的欧姆挡测量开关的状态，如果检测没有在规定状态则更换发动机舱开关。发动机舱监控开关电路，如图 7-37 所示。

检测端子	开关状态	规定状态
1 号端子	锁止位置	小于 1Ω
2 号端子	解锁位置	10kΩ或更大

图 7-37 发动机舱监控开关电路

7.2.8 防盗喇叭检测

防盗警告喇叭如图 7-38 所示。

① 当防盗系统由警戒状态切换为警报鸣响状态时，防盗警报 ECU 发出一个信号，使喇叭以 0.4s 的间隔鸣响。

② 将蓄电池正极接端子 1，将蓄电池负极接喇叭本体，喇叭鸣响，否则更换防盗喇叭。

防盗喇叭检测

图 7-38 防盗警告喇叭

任务评价表

防盗系统的检测与维护任务评价表

姓名：　　　　班级：　　　　学号：　　　　　　日期：

序号	学习目标	学习目标达成情况		
		能	不能	不能达成的原因
1	理解防盗系统的功能			
2	理解防盗系统的类型			
3	理解防盗系统的组成			
4	理解无钥匙进入系统			
5	能正确使用汽车防盗系统			
6	能正确进行防盗指示灯检测			
7	能正确进行发动机舱监控开关检测			
8	能正确进行防盗喇叭检测			

项目 8 汽车空调系统的检测与维护

炎炎夏日，汽车空调给我们创造了一个良好的驾驶环境。但如果因为缺乏维护，导致汽车空调不制冷或者制冷效果不好，那就是"火上加油"，让车内人员心情烦躁。因此，汽车空调系统的检测与维护十分重要。通过本项目的学习，学生能够掌握空调系统的相关知识和必备技能，从而能够更好地对故障进行检修与排除。

知识目标

1. 掌握汽车空调系统的组成。
2. 掌握汽车空调制冷、采暖、通风、调节及控制系统的作用及组成。
3. 掌握空调制冷剂的作用及类型。
4. 掌握空调冷冻润滑油的作用及要求。

能力目标

1. 能够识别空调系统的类型，并正确使用空调系统。
2. 能够进行汽车空调系统的清洗。
3. 能够进行空调滤清器的检查与更换。
4. 能够正确使用空调检修的常用工具。
5. 能够进行汽车制冷系统的性能和压力检测。
6. 能够进行空调制冷系统的检测及制冷剂的回收与加注。

素质目标

1. 通过正确检查空调系统，培养学生安全、细致的工作态度。
2. 通过实车相关故障的检测与排除，培养学生严谨、规范的工作意识。
3. 通过理实一体化项目教学，培养学生的工匠精神和职业热情。

任务 8.1　空调系统的清洗及空调滤清器的维护

情境描述

　　李先生的雪佛兰科鲁兹 1.6L/AT 手动空调轿车是 2017 年 5 月买的，今年夏天他发现轿车汽车空调吹出的空气有异味。技师王师傅检查并了解了李先生的车子从买来到现在还没换过空调滤清器，这是空调吹出的空气有异味的主要原因。请在 1 个小时内帮助李先生的车子完成空调滤清器的更换并完成较为系统的汽车空调系统保养作业。

学习目标

※知识目标：理解空调系统的作用。
　　　　　　理解空调制冷、采暖、通风、调节、控制系统的作用及组成。
※技能目标：能认识空调系统的类型。
　　　　　　能正确使用空调系统。
　　　　　　能正确进行空调通风系统的清洗。
　　　　　　能正确进行空调滤清器的检查与更换。
※素质目标：通过正确使用空调系统，培养学生安全、细致的工作态度。
　　　　　　通过正确进行空调系统的维护，培养学生规范、严谨的工作意识。
　　　　　　通过实践操作，培养学生对职业的热情。

任务结构

```
              空调系统的清洗及空调滤清器的维护
                 │                    │
             知识储备              任务实施
          一、空调系统的作用      一、汽车空调的类型认识
          二、空调制冷系统        二、空调系统的正确使用
          三、空调采暖系统        三、空调系统的清洗维护
          四、空调通风系统        四、空调通风系统的清洗
          五、空调调节系统        五、空调滤清器的检查与更换
          六、空调控制系统
```

8.1.1 空调系统的作用

汽车空调是用来改善汽车舒适性的设备，可以对车内空气的温度、湿度进行调节，并保持车内的空气清洁，汽车空调的作用主要体现在以下 4 个方面。

1）调节温度：将车内的温度调节到人体感觉适宜的温度，一般夏天在 25℃，冬天在 18℃。

2）调节湿度：将车内的湿度调节到人体感觉适宜的湿度，相对湿度是指空气中水蒸气分压力和饱和水蒸气分压力之比，人觉得最舒适的相对湿度在 50%～70%。

3）调节气流：调节车内出风口的位置、出风的方向及风量的大小。根据人的生理特点，头部对冷比较敏感，脚部对热比较敏感，采取上冷下热的模式。

4）净化空气：过滤空气中的尘土和杂质，或对空气进行杀菌消毒。

为完成汽车空调上述作用，空调系统通常有制冷装置、暖风装置、通风装置、空气净化装置。目前空调系统因车辆的配置不同，有手动空调、半自动空调、自动空调几个档次，并且随着汽车档次和配置的升级，还有分区控制的空调，以及在空气净化方面采用更加先进技术的空调等。空调系统元件在车上的布置如图 8-1 所示。

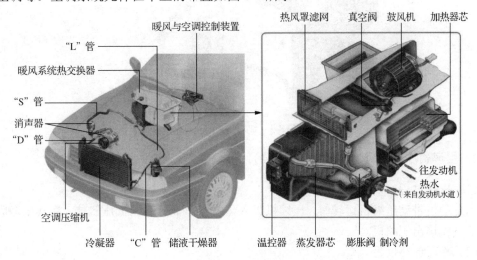

图 8-1 空调系统元件在车上的布置

8.1.2 空调制冷系统

1. 制冷系统的功用

将车内的热量通过制冷剂在循环系统中循环转移到车外，实现车内降温，空调制冷系统的功用如图 8-2 所示。制冷系统的组成如图 8-3 所示。

空调制冷系统的组成及原理

空调制冷系统功用

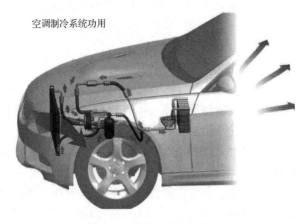

图 8-2 制冷系统的功用

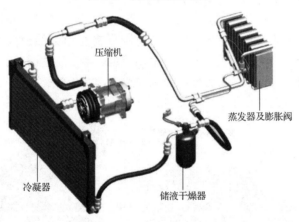

图 8-3 制冷系统的组成

2. 空调制冷系统的工作原理（图 8-4）

（1）压缩过程

当发动机带动压缩机运转时，压缩机吸入蒸发器出口处高温低压气体，将其压缩成高温高压的气体排出压缩机。

（2）冷凝放热过程

高温高压的过热制冷剂气体进入冷凝器，压力和温度降低。当气体的温度降至 40～50℃ 时，制冷剂气体变为液体，同时放出大量的热量。

（3）节流膨胀过程

液态制冷剂流到储液干燥器后，在储液干燥器中除去水分和杂质，由管道流入膨胀阀。温度和压力较高的制冷剂液体通过膨胀阀装置后体积变大，压力和温度急剧下降，以雾状（细小液滴）排出膨胀装置。

（4）蒸发吸热过程

低温低压的雾状制冷剂进入蒸发器后，通过蒸发器的壁面吸收蒸发器表面周围空气的热量而沸腾气化，从而降低车内空气温度。

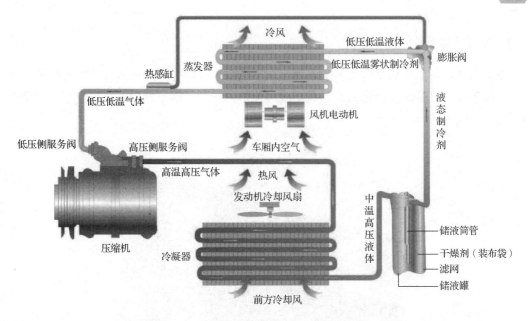

图 8-4 空调制冷系统的工作原理

8.1.3 空调采暖系统

1. 空调采暖系统的作用

1）冬季汽车空调可以向车内提供暖风，提高车室内的温度，使乘员不再感觉到寒冷。

2）冬季或者初春，室内外温差较大，车窗玻璃会结霜或起雾，影响司机和乘客的视线，不利于安全行车，这时可以用暖风来除霜、除雾。

2. 空调采暖系统的组成

空调采暖系统主要由加热器芯、热水阀、鼓风机、控制面板等组成，如图 8-5 所示。

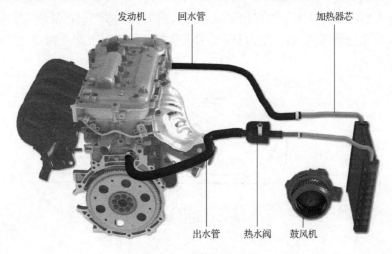

图 8-5 空调采暖系统的组成

8.1.4　空调通风系统

空调通风系统的作用是将车外的新鲜空气引入车内，将车内的污浊空气排出车外，同时通风系统还具有风窗除霜的作用。通风系统可使车内的空气保持新鲜，提高车辆的舒适性。空调通风系统的组成，如图 8-6 所示。

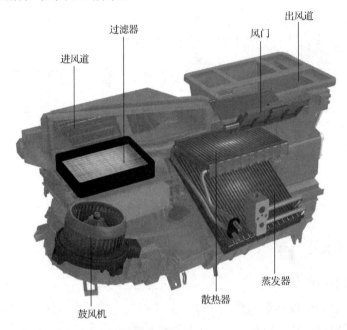

图 8-6　空调通风系统的组成

汽车上的通风方式有两种：一种是动压通风，如图 8-7 所示，即利用汽车行驶中各个部位所产生的不同压力进行通风，动压通风方式比较经济，但在汽车低速行驶时，通风效果较差；另一种是强制通风，即利用汽车上的鼓风机进行通风，强制通风不受车速限制，通风效果较好。目前小型汽车上基本上都采用了综合通风的方式，即汽车在低速行驶时采用强制通风，高速行驶时采用动压通风，这样既保证了汽车在各种工况下都能保持良好的通风效果，同时也降低了能耗。

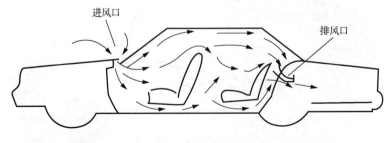

图 8-7　动压通风

8.1.5　空调调节系统

空调的调节系统有手动调节和自动调节之分，调节是通过空调控制面板上的按钮或旋钮进行的。可自动调节的空调控制面板如图 8-8 所示。空调控制面板上有温度调节、气流选择调节、鼓风机转速调节、空气进气选择（内外循环选择）调节、空调开关（A/C）和运行模式选择开关。

图 8-8　可自动调节的空调控制面板

1. 温度调节

目前小车的空调系统基本上都是冷气和暖风采用一个鼓风机，温度调节采用冷暖风混合的方式，在空气的进气道中，所有的空气都通过蒸发器，用一个调节风门控制通过加热器芯的空气量，通过加热器芯的空气和未通过加热器芯的空气混合后形成不同温度的空气从出风口吹出，实现温度调节，如图 8-9 所示。

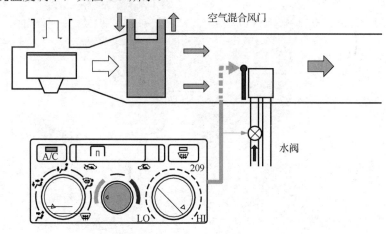

图 8-9　汽车空调温度调节

2. 气流选择调节

现代轿车空调系统的出风口分别设置了中央出风口、边出风口、脚下出风口和风挡玻璃除霜出风口等不同的出风口，可以根据需要选择不同的出风口出风。空调系统各出风口位置示意图如图 8-10 所示。

汽车电气设备检测与维护（含工作页）

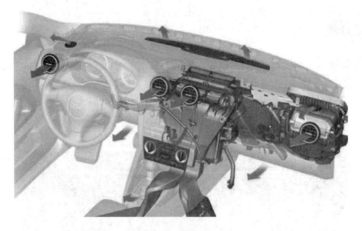

图 8-10　空调系统各出风口位置示意图

3. 空气进气选择调节

空气调节系统可以选择进入车内的空气是外部的新鲜空气还是车内的非新鲜空气，如果选择外部新鲜空气称为外循环，选择车内空气则称为内循环。这种选择可以通过控制面板上的内外循环选择按钮或拨杆控制进气口处的调节风门实现，空气进气选择调节如图 8-11 所示。

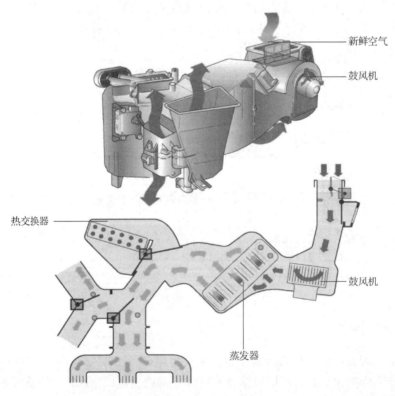

图 8-11　空气进气选择调节

4. 鼓风机转速调节

鼓风机转速的调节是通过在鼓风机电路中串入不同的电阻实现。鼓风机的转速调节电路如图 8-12 所示。在鼓风机电路中串入 3 个电阻，通过开关控制，实现 4 个转速挡（空调控制面板上的 LO、2、3、HI）。如果将电阻改为电子控制，则可实现无级调速。

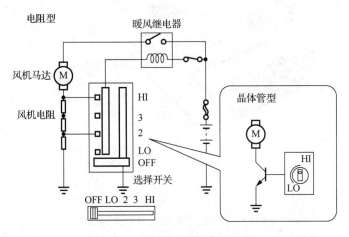

图 8-12　鼓风机的转速调节电路

8.1.6　空调控制系统

电控单元根据驾驶员或乘客通过空调显示控制面板上按钮进行的设定，使空调系统自动运行，并根据各种传感器输入的信号，对送风温度、送风速度、气流分配、空气循环等及时地进行调整，使车内的空气环境保持良好状态，如图 8-13 和图 8-14 所示。

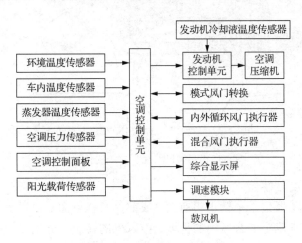

图 8-13　空调控制系统框架图

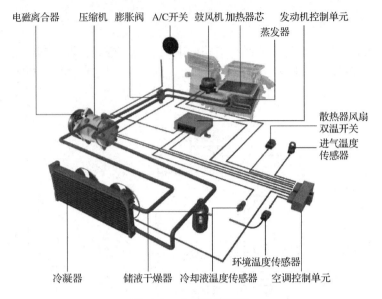

图 8-14　空调控制系统

　　自动空调系统由空调制冷系统、供暖通风系统和自动控制系统组成。自动控制系统主要由传感器、执行元件和空调电控单元（ECU）三部分构成。空调自动控制系统的传感器有如下几种，如图 8-15 所示。

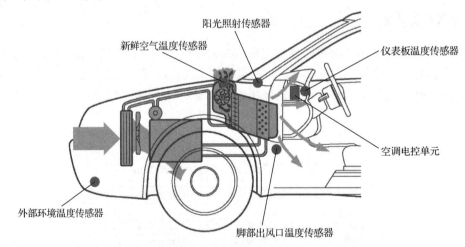

图 8-15　空调自动控制系统的传感器

　　（1）外部环境温度传感器

　　外界环境温度传感器位于车辆水箱前面，或前保险杠下面，它记录实际的外界温度。控制单元根据温度变化来确定混合风门的位置、鼓风机的转速、进气门的位置、模式门的位置并控制压缩机。

（2）仪表板温度传感器

仪表板温度传感器装于空调控制单元内，用于测量车内温度并将此信号传给空调控制单元最终确定混合风门、鼓风机、进气风门及模式门的位置。

（3）新鲜空气温度传感器

新鲜空气温度传感器位于新鲜空气进气道内，它是第二个实际外加温度测量点。控制单元根据温度变化来控制混合风门和新鲜空气鼓风机。

（4）脚部出风口温度传感器

脚部出风口温度传感器在车上的安装位置如图所示，测量脚部出风口的温度。用于对系统控制的反馈修正。

（5）阳光照射传感器

一般安装在汽车前风窗玻璃下面，位于乘客侧除霜器格栅上，它利用光电二极管来探测通过风窗进入的日光量。阳光照射传感器将日光量转换成电流值，然后输入到自动空调控制单元中。

蒸发器温度传感器安装在蒸发器的表面测量蒸发器的温度。用于控制压缩机以防止蒸发器结霜，修正混合门位置及控制鼓风机。

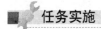 **任务实施**

8.1.7　汽车空调的类型认识

目前汽车上使用的空调可分为手动汽车空调和自动汽车空调两大类。

1. 手动汽车空调

由驾驶员手动操作控制面板的功能按键或旋钮完成对空调的温度调节、出风口位置调节、鼓风机转速调节和空气的内外循环调节等，控制面板各按键或旋钮的位置及功能，如图 8-16 所示。

1—空气流向分配调节；2—空气循环；3—风量调节开关；4—温度调节旋钮；5—后风窗除霜；6—空调开关。

图 8-16　手动汽车空调控制面板

2. 自动汽车空调

由空调控制单元根据各相关传感器的电信号，自动对空调的温度、风量及风向等进行调

汽车电气设备检测与维护（含工作页）

节，可实现对车内空气环境全方位、多功能的调节和控制，控制面板各按键或旋钮的位置及功能，如图 8-17 所示。

1—显示屏；2—温度调节；3—冷气开关；4—自动空调；5—前风窗和前侧玻璃除霜除雾；
6—空气分配调节；7—空调循环；8—后风窗和外后视镜除霜除雾；9—空气流量。

图 8-17　自动汽车空调控制面板

8.1.8　空调系统的正确使用

合理地使用空调，不但能提高空调的使用效率，降低燃油消耗量，而且还能延长其使用寿命。在使用空调时应着重注意以下几个方面。

1）建议用户保持位于前风窗下部的进风口处格栅的清洁（避免落叶、积雪堵塞），用高压水枪洗车时，避免向进风口喷射。

2）制冷系统在制冷时冷凝水通过预设的管道排出，因此车辆停止时，车下会形成一摊水，这属于正常现象。

3）为了保持压缩机良好的密封性，每个月至少运转一次。

4）对于自动空调，座舱内的空气调节通过各种传感器起作用，提示用户千万注意不要遮挡组合仪表后面的阳光传感器。

5）不要在暴晒的太阳下停车使用空调。

6）刚上车使用空调时，将风量开关开至最大挡，使车内温度迅速下降。在使用变排量空调系统时，不要长时间使用最小风量挡。

7）保持冷凝器表面干净，使冷凝压力下降，提高制冷效果。

8）保持蒸发器表面干净，使车厢内空气充分冷却。

8.1.9　空调系统的清洗维护

1. 空调系统清洗的好处

1）增强制冷。专用清洗剂清洗后空调内无尘无垢，气流交换顺畅，制冷效果明显增强。

2）有益健康。专用清洗剂清洗后，不但大大减少了"空调综合征"的发病概率，还净化了室内空气，除去空调产生的异味。

3）延长空调使用寿命。专用清洗剂清洗后，空调器的工作环境改变，空调器寿命延长，空调器本身清洁如新。

4）降低电耗。清洗后的空调环境改变，工作效率提高，故障率降低，耗电量下降。

2. 空调系统不清洗的危害

1）滤光板、散热器、蒸发器、翅片表面积累大量回程和污垢，造成气流堵塞。
2）制冷、制热效果下降，增加耗电量，增大噪声。
3）降低空调的使用寿命。
4）产生异味，滋生细菌、螨虫，危害人们的身体健康。

3. 空调系统的清洗

（1）冷凝器的清洁

冷凝器的散热效果直接影响空调系统的制冷效果，因此应经常检查冷凝器表面有无污物、泥垢，散热片是否存在弯曲或被阻塞现象。如发现冷凝器表面脏污，可根据脏污程度，选用压缩空气吹或用软毛刷清洗表面，如图 8-18 和图 8-19 所示。这样可以保持其有良好的散热条件，防止冷凝器因散热不良而造成冷凝压力和温度过高，制冷能力下降。在清洗冷凝器的过程中，应注意不要损坏散热片和冷凝器管。如发现冷凝器散热片有弯曲，应用旋具或手钳进行校正，如图 8-20 所示。这样可以避免因影响空气流通和流量而导致的散热效果下降。

图 8-18 气枪清洗冷凝器表面

图 8-19 软毛刷清洗冷凝器表面

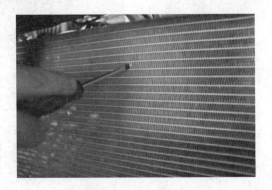

图 8-20 散热片弯曲的校正

（2）通风系统的清洗

送入车厢内的空气都要经过空调滤清器的过滤，因此应经常检查滤清器是否被灰尘杂物所堵塞，并及时进行清洁或更换，防止因空气流通受到阻碍，造成制冷量不足、有异味、车厢内灰尘多等情况。同时空气经过蒸发器降温后使空气中的水分产生冷凝现象，冷凝水与空气中的灰尘杂物一起附着在蒸发器表面气道中，潮湿阴暗角落便会滋生大量的细菌、霉菌等，导致空调系统有异味，因此应使用空调专用清洗剂对通风系统进行清洗。

空调通风系统的清洗方法主要有拆卸清洗法和免拆卸清洗法两种。

1）拆卸清洗法就是拆下仪表台，取出蒸发器、风道等部件进行清洗。这种方法虽然能洗得比较彻底，保持时间也较长，但是费时费力，而且容易损坏零部件。

2）免拆卸清洗法就是不需要拆下空调部件，直接将清洗剂从进风口喷入清洗。现在市场上的清洗剂有喷雾状和泡沫状两种，使用后十分钟左右即可除味杀菌，还可以恢复空调制冷，延长空调的使用寿命。免拆卸清洗法操作简单、清洗时间短且经济实惠，是目前汽车空调最常用的清洗方法。

（3）空调滤清器的维护

汽车空调就和家用空调一样，使用一段时间之后会就产生杂质、灰尘和细菌。这些杂质和灰尘如果直接吹到车内，会使车内空气环境变差，影响驾驶员及乘坐人员的身体健康。空调滤清器的作用就是过滤从空调吹到车内的空气的杂质，优化车内空气质量。空调滤清器在吸附了一段时间的杂质与灰尘之后，自身也会受到污染，不再能起到净化及过滤的作用了，继续使用反而会起到加重污染的反效果，还会出现空调不够制冷、出风口风力不足、有异味等情况。

正常情况下一般建议是在 1 万公里或是一年左右更换一次，如果车辆经常是在空气污染较严重的地区行驶，或者比较注重空调的卫生及自身健康，可缩短更换时间。

8.1.10 空调通风系统的清洗

步骤	作业内容	操作图片
1	前期准备： 准备好汽车空调清洗剂	

续表

步骤	作业内容	操作图片
2	空调通风系统的清洗步骤： 第一步：取出空调滤清器	
	第二步：启动发动机	
	第三步：打开车窗	
	第四步：设置空调控制器为鼓风机转速最高、A/C关闭、温度最低、正面出风、外循环	

续表

步骤	作业内容	操作图片
2	第五步：将空调清洗剂的软管紧紧插入喷嘴，确保接口处牢固，不会漏气或脱落	
	第六步：充分摇匀清洗剂，按下喷嘴按钮，将清洗剂喷入进风口，喷的时候不能一次喷太多，应每喷2～3s 间隔30s 再喷，如此循环直至喷完	
	第七步：清洗剂喷入后，继续保持最大风量运转10～15min，并可切换出风模式。清洗完成后，关闭空调，发动机熄火，装回空调滤清器，清洗废液将从空调排水管排出	

8.1.11 空调滤清器的检查与更换

汽车空调滤清器的检查与更换

步骤	作业内容	操作图片
1	前期准备： 准备好更换的空调滤清器	

步骤	作业内容	操作图片
2	空调滤清器的安装位置： 1. 发动机舱内副驾驶侧挡风玻璃下	
	2. 前排乘客侧手套箱后面	
	3. 主驾驶脚下侧油门踏板右面	
3	空调滤清器的检查与更换： 第一步：打开手套箱盖总成	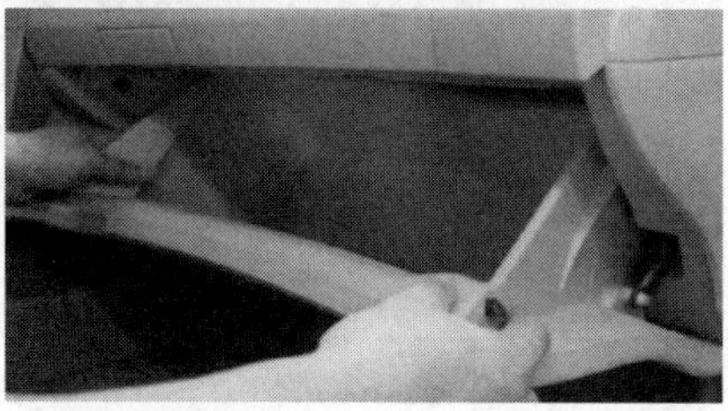
	第二步：按照图中箭头指示的方向弯曲部位（A）和（B），以松开 2 个挡块，并降下手套箱盖总成直到盖前部处在水平位置	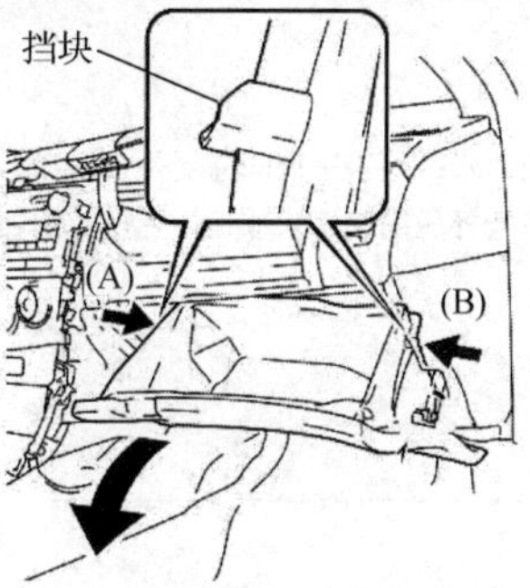

步骤	作业内容	操作图片
3	第三步：脱开阻尼器卡爪	
	第四步：向车辆后部水平拉动手套箱盖总成以松开2个铰链，并拆下手套箱盖总成	□：铰链
	第五步：松开空调滤清器盖板右侧的卡扣，取下盖板，取出空调滤清器	
	第六步：检查空调滤清器是否干净，根据脏污的程度，可选择压缩空气吹或直接更换滤清器	

续表

步骤	作业内容	操作图片
3	第七步：空调滤清器的安装顺序与拆卸时相反。安装时应注意滤清器上面的箭头应朝上	

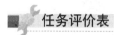 **任务评价表**

空调系统的清洗及空调滤清器的维护任务评价表

姓名：		班级：	学号：		日期：	
序号	学习目标		学习目标达成情况			
			能	不能	不能达成的原因	
1	理解空调系统的作用					
2	理解空调制冷系统的作用与组成					
3	理解空调采暖系统的作用与组成					
4	理解空调通风系统的作用与组成					
5	理解空调调节系统的作用与组成					
6	理解空调控制系统的作用与组成					
7	能正确认识空调系统的类型					
8	能正确使用空调系统					
9	能正确进行空调系统的清洗					
10	能正确进行空调滤清器的检查与更换					

任务 8.2　空调制冷系统的检测及制冷剂的回收与加注

情境描述

　　近日夏天，一位科鲁兹 1.6L AT 的车主来到 4S 店进行空调维修，该车辆在开启空调后，不制冷并且吹出热风。经过维修组长检查后发现是维修接口处制冷剂泄漏导致系统内没有制冷剂造成的，更换了维修接口处的针阀后，维修组长要求你给该车辆的空调加注制冷剂和冷冻机油。

※**知识目标：** 理解制冷剂的作用及类型。

理解冷冻润滑油的作用及要求。

理解空调系统检修的常用工具。

※**技能目标：** 能正确进行空调制冷系统性能的检测。

能正确进行空调制冷系统压力的检测。

能正确进行空调制冷剂的检测、回收与加注。

※**素质目标：** 通过正确进行制冷系统的检测，培养学生安全、细致的工作态度。

通过正确进行制冷剂检查、回收与加注，培养学生规范、严谨的工作意识。

通过实践操作，培养学生对职业的热情。

任务结构

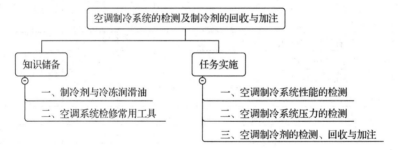

知识储备

8.2.1 制冷剂与冷冻润滑油

1. 制冷剂

制冷剂是制冷循环当中传热的载体，通过状态变化来吸收或放出热量，因此要求制冷剂在常温下易气化，加压后易液化，同时在状态变化时要尽可能多地吸收或放出热量（较大的气化或液化潜热）。同时制冷剂还应具备不易燃易爆、无毒、无腐蚀性、对环境无害等特点。

目前汽车上的制冷剂广泛采用的是 R-134a，别名 HFC134a，如图 8-21 所示。该制冷剂在标准大气压下的沸点为-26.5℃，在 2 个大气压下的沸点为-10.6℃，在 15 个大气压下的沸点约为 56℃。在常温常压的情况下，液态 R-134a 会立即吸收热量开始沸腾并转化为气态；

对气态 R-134a 加压后，很容易转化为液态。因此要使 R-134a 从气态转变为液态，可以通过降低温度或提高压力的方式，反之亦然。

2. 冷冻润滑油

在空调制冷系统中需要对有相对运动的部件进行润滑。由于制冷系统中的工作条件比较特殊，所以需要专门的冷冻润滑油。冷冻润滑油除了起到润滑作用外，还可以起到冷却、密封和降低机械噪声的作用。

为保证其工作正常，对冷冻润滑油的要求有以下几方面：①凝点低，具有良好的低温流动性；②黏度受温度的影响小；③与制冷剂的溶解性能好；④较高的热稳定性；⑤化学性质稳定。冷冻润滑油如图 8-22 所示。

图 8-21 R-134a 制冷剂

图 8-22 冷冻润滑油

8.2.2 空调系统检修常用工具

1. 歧管压力表

歧管压力表组件是维修汽车空调系统必不可少的重要设备，空调系统维修的基本作业，如充注制冷剂、添加冷冻机油、系统抽真空等都离不了歧管压力表组件装置，汽车空调系统故障诊断与排除中也需要此设备。歧管压力表组件是由高压表、低压表、高压手动阀、低压手动阀、阀体及三根软管组成，歧管压力表组件构造如图 8-23 所示。歧管压力表组件的三根软管颜色不同，一般规定蓝色软管用于低压侧（低压工作阀），红色软管用于高压侧（接高压工作阀），黄色（或绿色）软管接在中间，连接真空泵或制冷剂罐。所用压力表为弹簧管式压力表。低压表既用于显示压力，也用于显示真空度。

歧管压力表的使用工作过程如下。

1）高压手动阀（HI）和低压手动阀（LO）同时关闭，可对高、低压侧压力进行检测，如图 8-24 所示。

2）高压手动阀和低压手动阀同时打开，全部管道连通。此时接上真空泵则可对系统进行抽真空，如图 8-25 所示。

3）高压手动阀关闭，而低压手动阀打开，则可由低压侧加注气态制冷剂，如图 8-26 所示。

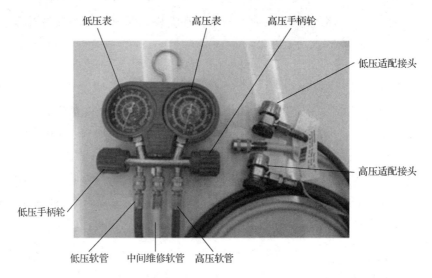

图 8-23　歧管压力表组件构造

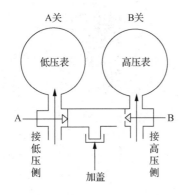

图 8-24　检测系统压力

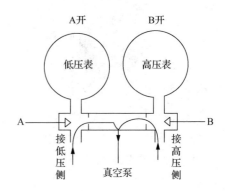

图 8-25　抽真空

4）高压手动阀打开，而低压手动阀关闭，则可由高压侧加注液态制冷剂，也可排出制冷剂，使系统放空，如图 8-27 所示。

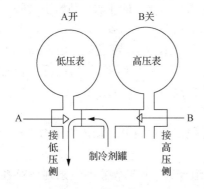

图 8-26　低压侧加注制冷剂

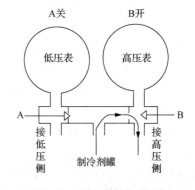

图 8-27　高压侧加注制冷剂

2. 制冷剂注入阀

目前，市场上多为罐装制冷剂，为便于充注，必须有一只注入阀配套才能开罐使用。制冷剂注入阀与制冷剂罐，如图 8-28 所示。

制冷剂注入阀的结构如图 8-29 所示，主要由手柄、软管接头、板状螺母和阀针组成。使用方法如下。

1）首先将注入阀手柄逆时针旋转，使阀针完全缩回，然后将板状螺母旋至最高位置。

2）把注入阀装在罐的顶部，然后顺时针转动板状螺母，使其与罐顶上的螺纹连接，注入阀便固定在罐的顶部。

3）将歧管压力表中间的软管与注入阀的接头连接并拧紧。

4）顺时针方向旋转手柄，阀针将把罐顶刺破。

5）加注制冷剂时将手柄逆时针旋转，使阀针提起，与此同时打开歧管压力表相应的手动阀，开始向系统加注制冷剂。

6）如要停止加注，可再顺时针转动手柄，使阀针下落将被刺破的小孔封闭，同时关闭歧管压力表的手动阀。

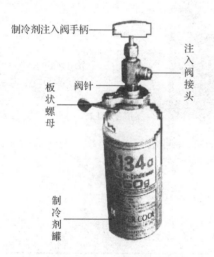

图 8-28 制冷剂注入阀与制冷剂罐

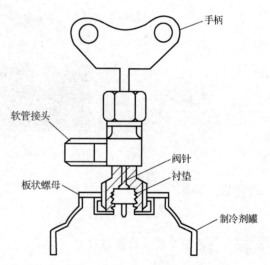

图 8-29 制冷剂注入阀的结构

3. 真空泵

空调系统初次加注制冷剂前，或拆卸更换系统零部件后，必须对系统进行抽真空操作，然后才能充注制冷剂。抽真空的目的是把系统中的空气和水分排出。抽真空并不能直接把水抽出，而是系统内产生真空后降低了水的沸点，水在较低的温度下沸腾或气化，以蒸气形式从系统内抽出。真空泵是系统抽真空的必备设备。由于在充注制冷剂时小罐中要有剩余，可用真空泵将剩余的制冷剂抽到大罐中去，减少浪费。

4. 制冷剂加注回收机

在修理汽车空调的过程中经常要拆开空调系统，如果将制冷剂直接排入空气中，既浪费资源又污染环境。可用制冷剂加注回收机将制冷剂回收，在对制冷剂没有严格要求的场合，回收的制冷剂可继续使用。该机不但可回收制冷剂，还有如下用途。

1）制冷系统抽真空，维修工作完成之后，可对制冷系统进行抽真空。

2）加注制冷剂，给制冷系统加注制冷剂。

3）加注冷冻润滑油，在制冷系统抽真空之后，可利用冷媒回收机加注冷冻润滑油，以便润滑。

4）测量制冷系统压力，可通过面板上的高、低压组合压力表测量系统压力，确定系统中的制冷剂量或判断故障。各冷媒回收机的回收方法不一样，结构也不相同，具体操作也有差异，应根据产品说明书使用。SPX 公司生产的 AC350C 制冷剂加注回收机如图 8-30 所示。

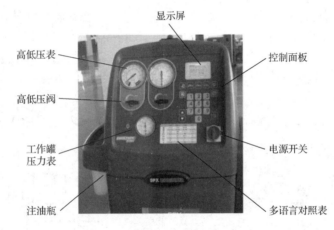

图 8-30　AC350C 制冷剂加注回收机

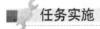 任务实施

8.2.3　空调制冷系统性能的检测

步骤	作业内容	操作图片
1	前期准备： 温度测量仪器	测量杆 显示屏 操作界面

续表

步骤	作业内容	操作图片
2	制冷剂循环的检查： 第一步：启动汽车	
	第二步：设置空调检测状态 打开车辆空调，A/C 灯亮。温度调至最热、内循环最大风、中央出风模式，车门打开	
	第三步：通过空调观察视窗判断 使发动机在快怠速（1500～2000r/min）运转，运行5min 后，观察视窗： 液体正常流动——符合标准； 液体不流动——检查系统的密封性并予以修复； 出现气泡——缺少制冷剂，检查系统的密封性并予以修复； 出现乳白色气泡——潮湿现象	视液镜　不足　连续不断的气泡　合适　几乎没有气泡　过量　看不到气泡
	第四步：通过检测空调出风口温度 使用温度计测量进、出风口温度，显示温度逐渐降低，并记录。进、出风口的温差值在 8℃ 以上为正常，温差越大说明空调制冷系统的工作情况越好	

8.2.4 空调制冷系统压力的检测

步骤	作业内容	操作图片
1	前期准备： 歧管压力表	低压手柄轮　低压表　高压表　高压手柄轮　低压适配接头　高压适配接头
2	制冷剂的压力检测： 第一步：取下高低压管路连接口盖帽	
	第二步：安装歧管压力表	
	第三步：检查并关闭高低压阀门	

步骤	作业内容	操作图片
2	第四步：连接高低压阀门	
	第五步：打开高低压阀门	
	第六步：启动汽车	
	第七步：打开空调制冷系统并运转约 3min	
	第八步：读取高低压压力并判断工作情况 在压缩机 1500～2000r/min 范围内，高压表显示压力值在 1.5～2.0MPa，低压表显示压力值在 0.15～0.35MPa 为正常。具体各车型略有偏差，请参考维修手册	

一体机进行制冷剂更换

8.2.5 空调制冷剂的检测、回收与加注

步骤	作业内容	操作图片
1	前期准备： 第一步：准备好 R-134a 制冷剂	
	第二步：准备制冷剂回收加注机 AC350C	
	第三步：准备制冷剂鉴别仪	主机 进空气软管 R-134a样品软管 R12样品软管 电源线 适配接头
2	制冷剂的检测： 第一步：连接制冷剂鉴别仪的电源，手严禁碰到插头金属处，将仪器的电源线插入合适的电源插座	

步骤	作业内容	操作图片
2	第二步：仪器的各项参数出现在显示屏上，并开始预热 预热设备：预热过程持续 90s，显示屏显示 SYSTEM WARM UP CHECK FILTER（系统预热-检查过滤器），提醒用户检查仪器的采样过滤器	
	第三步：设定海拔高度，同时按下 A、B 键设定海拔：每按一次 A 键，升高 100 英尺；每按一次 B 键，降低 100 英尺	
	第四步：系统设定，设定完成后，静置 20 s，自动切换到预热步骤。选择 R-134a 制冷系统采样管并连接到位	
	第五步：将采样管快速接头与低压阀口连接	

续表

步骤	作业内容	操作图片
2	第六步：检查仪器压力，压力应在 5～25psi	
	第七步：进行数据检测，按 A 键开始操作	
	第八步：读取检测结果，并按照实际情况记录，其中 R-134a：100.0、AIR：0.0、R12：0.0、R22：0.0、HC：0.0	
	第九步：检测完毕后按 B 键退出系统	

步骤	作业内容	操作图片
2	第十步：取下采样管快速接头	
	第十一步：断开电源，手严禁碰到插头金属处	
3	制冷剂回收与加注： 第一步：打开制冷剂回收机的电源，显示屏上显示工作罐质量并将回收前的罐重数值记录在作业记录表中	
	第二步：启动空调，温度设置最冷，鼓风机挡位设置最大，打开外循环模式，启动制冷装置运行 3～5min	

续表

步骤	作业内容	操作图片
3	第三步：按下回收机上的"回收"键，设置回收量	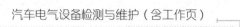
	第四步：连接管路，将高、低压快速接头正确连接至制冷系统的检测接口 注意：顺时针拧开高低压开关时，速度应慢一些，防止冷冻机油被制冷剂带出系统	
	第五步：打开仪器上的高、低压阀，按下"确认"键进入回收程序	
	第六步：设备自动启动自我清洁管路功能	

步骤	作业内容	操作图片
3	第七步：进行制冷剂回收，在回收过程中，应不断的观察压力表指针，当压力到达负压时，表明压缩机在抽真空，此时应及时按"取消"键，停止回收，防止损坏回收机中的压缩机	
	第八步：回收结束后，显示回收的制冷剂量，仪器准备进行排废油	
	第九步：检查排油瓶内废油的初始油面刻度并记录	
	第十步：按下操作面板上的"确认"键，显示仪器正在排废油	

步骤	作业内容	操作图片
3	第十一步：关闭控制面板上的阀门，等待一段时间，废油无气泡后，查看排油瓶废油液面并记录，计算出排出的冷冻机油量（废油）。冷冻机油回收量=回收后的液面数值-回收前的液面数值。查看回收后工作罐重量并记录，制冷剂回收量=回收后的罐重-回收前的罐重	
	第十二步：按下"抽真空"键，按数字键选择抽真空时间。在达到要求的真空度时，应继续抽真空操作，持续时间应不少于 15 min，以充分排除制冷装置中的水分	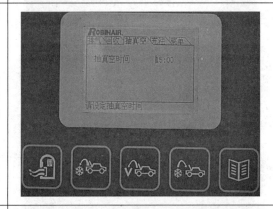
	第十三步：打开高低压阀，按下"确认"键开始抽真空，抽真空至系统真空度低于-90kPa	
	第十四步：在抽真空时，仪器同时进行工作罐中制冷剂的净化	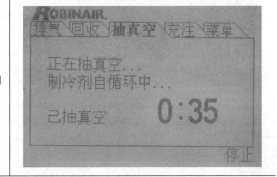

续表

步骤	作业内容	操作图片
3	第十五步：抽真空时间到后，仪器自动停止真空泵工作	
	第十六步：按"确认"键，仪器对系统进行保压和泄漏检测 注意：观察高低压表，表针应无回升，若有回升说明系统有泄漏，需对系统进行检漏	
	第十七步：按下"确认"键，加注冷冻机油，采用单管加注，关闭低压阀（防止冷冻机油进入压缩机），打开高压阀	
	第十八步：在加注过程中，必须一直观察注油瓶内的液面，达到补充量后应及时按"确认"键，暂停加注冷冻机油，确认加注量达到要求后，按"取消"键结束加注	

步骤	作业内容	操作图片
3	第十九步：加注冷冻机油结束，准备充注制冷剂	
	第二十步：按"确认"键，进入制冷剂充注界面	
	第二十一步：根据提示，按"确认"键开始加注制冷剂	
	第二十二步：加注结束，根据界面显示，逆时针旋转高压快速接头，将加注管与制冷系统断开，准备对管路清洁	

续表

步骤	作业内容	操作图片
3	第二十三步：按确认键进行管路清理，仪器对管路清洁后，按"确认"键退出	ROBINAIR 排气 回收 抽真空 充注 菜单 管路清理完成，请退出 2:00 确认

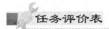 **任务评价表**

空调制冷系统的检测及制冷剂的回收与加注任务评价表

姓名： 班级： 学号： 日期：

序号	学习目标	学习目标达成情况		
		能	不能	不能达成的原因
1	理解制冷剂的作用及组成			
2	理解冷冻润滑油的作用及要求			
3	能完成空调制冷系统性能的检测			
4	能完成空调制冷系统压力的检测			
5	能完成空调制冷剂的检测、回收与加注			

参 考 文 献

韩飒，2015．汽车车身电气及附属电气设备检修[M]．2版．北京：人民交通出版社．

彭小红，陈清，2012．汽车电路和电子系统检测诊断与修复[M]．北京：人民交通出版社．

上汽大众汽车有限公司．帕萨特（PASSAT）（2015—2016 款）用户手册．

一汽丰田汽车销售有限公司．丰田卡罗拉 2016（COROLLA2016）用户手册．

周建平，2016．汽车电气设备构造与维修[M]．3版．北京：人民交通出版社．

中等职业教育汽车类专业新形态系列教材

汽车电气设备检测与维护
工作页

主编　肖福文

副主编　周春辉　张武寿

班级:＿＿＿＿＿＿＿＿

姓名:＿＿＿＿＿＿＿＿

学号:＿＿＿＿＿＿＿＿

科学出版社

北京

内 容 简 介

本书是《汽车电气设备检测与维护》的配套实训教材，读者在学完《汽车电气设备检测与维护》理论知识和相关技能后，在对应的 8 个工作项目中进行针对性的实践操作，以适应汽车机电维修工作岗位，提高履行汽车机电维修岗位职责的实际能力。工作页是提高教材内容的岗位适用性和教学系统化的教学保障，旨在通过对 8 个教学项目的针对性实训操作，来达到理论与实践的有效融合这一目标。

图书在版编目（CIP）数据

汽车电气设备检测与维护：含工作页/肖福文主编. —北京：科学出版社，2021.6
（中等职业教育汽车类专业新形态系列教材）
ISBN 978-7-03-067659-7

Ⅰ. ①汽⋯　Ⅱ. ①肖⋯　Ⅲ. ①汽车－电气设备－车辆检修－中等专业学校－教材　Ⅳ. ①U472.41

中国版本图书馆 CIP 数据核字（2020）第 269481 号

责任编辑：陈砺川　赵玉莲 / 责任校对：王万红
责任印制：吕春珉 / 封面设计：东方人华设计部

科 学 出 版 社 出版
北京东黄城根北街 16 号
邮政编码：100717
http://www.sciencep.com
三河市骏杰印刷有限公司 印刷
科学出版社发行　　各地新华书店经销
*
2021 年 6 月第 一 版　　开本：787×1092　1/16
2021 年 6 月第一次印刷　　印张：20
字数：468 000
定价：56.00 元（共 2 册）
（如有印装质量问题，我社负责调换〈骏杰〉）
销售部电话 010-62136230　编辑部电话 010-62135397-1028

为更好地服务广大师生学习和使用《汽车电气设备检测与维护》一书，培养学生创新能力，编者结合书中每一个工作项目和工作任务编写了本工作页。其内容贯彻了素质教育的思想，力求体现以人为本的现代理念，具有较强的针对性和可操作性。

本工作页的特点如下。

1. 工作页简单、明了

实训指导部分通俗易懂，可操作性强，并对学习任务的知识点做了必要的补充，教师运用本书可以更好地进行实训课教学，学生可以轻松愉快地掌握"汽车电气设备检测与维护"课程和知识点和技能点，充分体现中等职业教育特点，体现理实一体化教学，突出实用性、针对性。

2. 工作页表单化设计

编者已将调研获得的汽车电气设备维修有关内容进行整理，改编为教学工作项目。在实训工作页中，每个工作任务被划分为资讯、计划、实践、评估、交接等步骤（见每个任务的任务单），教师只需要准备好项目实训所需的场地、工具、设备等，学生根据各类表单：任务单、信息表、记录表、评分表、交接单进行实践操作，通过以上流程，学生上课参与程度高，教学效果良好。

3. 工作页评价合理

实践操作教学评价是为构建比较科学的实践教学体系，完善规范化的实践教学及具有特色且利用率较高的实践教学场所等提供反馈。此工作页全面、综合、客观地评价了学生的实践操作过程，有效培养学生的态度与表现、安全与规范、合作与沟通、职业道德、守时和责任感等综合职业素养。

4. 适用范围广

该书既可作为职业教育实训课用书，又可作为汽车专营店人员培训的专业实践用书，还可作为汽车集团内部技能比赛的参考用书。

CONTENTS **目录**

任务 1.1　试灯及数字式万用表的使用——任务单

0. 任务说明	小王在某上海大众汽车 4S 店做机电学徒有几天了。有一天，看到赵师傅在进行车辆故障检修时，使用了试灯和数字式万用表这两个检测工具，于是他也想学习如何使用 如果你是赵师傅，请你结合试灯和数字式万用表这两个检测工具给小王介绍它们的作用、功能以及在车辆维修中如何使用
1. 信息资讯	试灯及数字式万用表的使用信息表 # 学生分组完成或独立完成工作页
	需要使用到的设备和材料： • 教材《汽车电气设备检测与维护（含工作页）》科学出版社 • 相关车型维修手册及教学资源 • 教学实训车辆 4～6 辆 • 无线网络环境 • 任务相关信息表
2. 制订计划	试灯及数字式万用表的使用计划制订 # 确定客户认知内容需求；选定相关内容的知识解说要点；编写操作流程和介绍解说词；检验合理性和可行性
	需要使用到的测量设备和材料： • 教材《汽车电气设备检测与维护（含工作页）》科学出版社 • 相关车型维修手册 • 教学实训车辆 4～6 辆 • 工具及工具车 4～6 套等 • 工作记录表
3. 合作实践	小组学生根据岗位分工完成试灯及数字式万用表的使用介绍任务 # 学生根据人数进行岗位分工；学生开展任务实施；学生对任务实施情况进行记录
	需要使用到的测量设备和材料： • 工作记录表 • 教学实训车辆 4～6 辆 • 工具及工具车 4～6 套等 • 配套教材、学习资源
4. 检查评估	试灯及数字式万用表的使用评估 # 根据操作情况完成检查表填写；小组学生开展讨论进行反思总结；教师和学生共同分析解决问题，改进方法；根据工位学时进行岗位轮换
	需要使用到的测量设备和材料： • 记录表 • 评分表
5. 岗位交接	汇总文档并将工作站恢复到初始状态 # 汇总所有工作文档，填好交给教师；与教师商讨工作结果；将工作站恢复到初始状态
	需要使用到的测量设备和材料： • 填写好信息表、记录表、评分表 • 填写好的交接单

任务 1.1　试灯及数字式万用表的使用——信息表

班级：_____姓名（小组）：_____得分：_____

基础知识

1. 试灯的作用_____

2. 试灯的类型，通常分为_____、_____，按功率大小可分为三类_____、_____、_____

3. 日常使用的万用表可分为_____、_____两种

请编写"试灯及数字式万用表的使用"工作计划		
序号	工作步骤	工具/辅助工具

任务 1.1 试灯及数字式万用表的使用——记录表

班级：_____ 姓名（小组）：_____ 得分：_____

记录说明：
1. 记录每个任务实施步骤完成情况和时间
2. 记录操作中存在的问题

任务实施步骤	是否完成		实际时长	存在的问题
一、试灯的使用				
1. 利用试灯检测线路是否带电	□是	□否		
2. 利用试灯检测一条线路是否存在断路	□是	□否		
3. 利用试灯检测信号线路中是否有信号存在	□是	□否		
二、汽车数字式万用表的使用说明				
1. 普通型汽车数字式万用表识别	□是	□否		
2. 博世 MMD540H 型汽车数字式万用表选择开关识别	□是	□否		
3. 博世 MMD540H 型汽车数字式万用表功能按键识别	□是	□否		
4. 博世 MMD540H 型汽车数字式万用表液晶显示器识别	□是	□否		
5. 博世 MMD540H 型汽车数字式万用表表笔插孔识别	□是	□否		
三、汽车数字式万用表的使用实操				
1. 测量直流电压	□是	□否		
2. 测量电阻	□是	□否		
3. 测量二极管	□是	□否		
4. 测量电容	□是	□否		
5. 测量导通性	□是	□否		
6. 测量电流	□是	□否		
7. 测量温度	□是	□否		
8. 测量脉冲宽度	□是	□否		
四、现场 5S 恢复				
1. 整理、整顿、清扫、清洁、复位现场的工具、仪器等	□是	□否		
2. 整理、整顿、清扫、清洁、复位现场的设备、车辆等	□是	□否		
3. 清洁地面等	□是	□否		

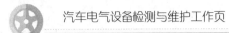

任务 1.1 试灯及数字式万用表的使用——评分表

班级：_____姓名（小组）：_____ 得分：_____

任务实施步骤	分数	得分	改进的方法
一、试灯的使用			
1．利用试灯检测线路是否带电	5		
2．利用试灯检测一条线路是否存在断路	5		
3．利用试灯检测信号线路中是否有信号存在	5		
二、汽车数字式万用表的使用说明			
1．普通型汽车数字式万用表识别	10		
2．博世 MMD540H 型汽车数字式万用表选择开关识别	5		
3．博世 MMD540H 型汽车数字式万用表功能按键识别	5		
4．博世 MMD540H 型汽车数字式万用表液晶显示器识别	5		
5．博世 MMD540H 型汽车数字式万用表表笔插孔识别	5		
三、汽车数字式万用表的使用实操			
1．测量直流电压	5		
2．测量电阻	5		
3．测量二极管	5		
4．测量电容	5		
5．测量导通性	5		
6．测量电流	5		
7．测量温度	5		
8．测量脉冲宽度	5		
四、现场 5S 恢复			
1．整理、整顿、清扫、清洁、复位现场的工具、仪器等	5		
2．整理、整顿、清扫、清洁、复位现场的设备、车辆等	5		
3．清洁地面等	5		

任务 1.1 试灯及数字式万用表的使用——交接单

班级：_____ 姓名（小组）：_____ 得分：_____

序号	问 题	是	否	说 明
1	操作工位的所有仪器设备工具等是否齐全，并且运行正常			如否，哪些物品需要进行维修
2	操作工位的所有仪器设备工具是否可以继续使用			如否，哪些物品需要被调换
3	是否已将操作工位恢复到初始状态（设备恢复/工具归位/地面清洁等）			如否，告知教师，并说明原因
4	是否已经完成了相关资料的整理，以及操作过程的记录			如否，打算何时完成
5	是否已经上交了全部的任务文档			如否，打算何时完成
日期		时间		

学生（小组）签字	

任务 1.2　汽车解码器的使用——任务单

0. 任务说明	小王在某汽车 4S 店做机电学徒快一周了，有一天，看到赵师傅在进行车辆故障检修时，使用了汽车解码器这个检测设备，于是他也想学习如何使用 如果你是赵师傅，请你结合汽车解码器这个检测设备给小王介绍它的作用、功能以及在车辆故障诊断中如何使用
1. 信息资讯	汽车解码器的使用信息表 # 学生分组完成或独立完成工作页
	需要使用到的设备和材料： • 教材《汽车电气设备检测与维护（含工作页）》科学出版社 • 相关车型维修手册及教学资源 • 教学实训车辆 4～6 辆 • 无线网络环境 • 任务相关信息表
2. 制订计划	汽车解码器的使用计划制订 # 确定客户认知内容需求；选定相关内容的知识解说要点；编写操作流程和介绍解说词；检验合理性和可行性
	需要使用到的测量设备和材料： • 教材《汽车电气设备检测与维护（含工作页）》科学出版社 • 相关车型维修手册 • 教学实训车辆 4～6 辆 • 工具及工具车 4～6 套等 • 工作记录表
3. 合作实践	小组学生根据岗位分工完成汽车解码器的使用介绍任务 # 学生根据人数进行岗位分工；学生开展任务实施；学生对任务实施情况进行记录
	需要使用到的测量设备和材料： • 工作记录表 • 教学实训车辆 4～6 辆 • 工具及工具车 4～6 套等 • 配套教材、学习资源
4. 检查评估	汽车解码器的使用评估 # 根据操作情况完成检查表填写；小组学生开展讨论进行反思总结；教师和学生共同分析解决问题，改进方法；根据工位学时进行岗位轮换
	需要使用到的测量设备和材料： • 记录表 • 评分表
5. 岗位交接	汇总文档并将工作站恢复到初始状态 # 汇总所有工作文档，填好交给教师；与教师商讨工作结果；将工作站恢复到初始状态
	需要使用到的测量设备和材料： • 填写好信息表、记录表、评分表 • 填写好的交接单

任务 1.2 汽车解码器的使用——信息表

班级：_____ 姓名（小组）：_____ 得分：_____

基础知识
1. 汽车解码器的类型一般分为 _____、_____
2. KT600 解码器的组成包括_____、_____、_____
3. KT600 解码器的各个功能主要包括_____

请编写"汽车解码器的使用"工作计划		
序号	工作步骤	工具/辅助工具

任务 1.2　汽车解码器的使用——记录表

班级：_____姓名（小组）：_____　得分：_____

记录说明：			
1．记录每个任务实施步骤完成情况和时间			
2．记录操作中存在的问题			
任务实施步骤	是否完成	实际时长	存在的问题
一、KT600 解码器功能介绍			
1．读取车辆电脑型号	□是　　□否		
2．读取故障码	□是　　□否		
3．清除故障码	□是　　□否		
4．读取动态数据流	□是　　□否		
5．元件控制测试	□是　　□否		
二、实车运用 KT600 解码器（以大众品牌为例）			
1．组装诊断仪	□是　　□否		
2．车辆防护，连接仪器	□是　　□否		
3．仪器开机，进入诊断界面	□是　　□否		
4．读取车辆电脑信息	□是　　□否		
5．读取发动机故障码	□是　　□否		
6．清除故障码	□是　　□否		
7．元件控制测试	□是　　□否		
8．读取发动机动态数据流	□是　　□否		
9．基本设定、调整、登录、自适应清除	□是　　□否		
10．退出诊断仪	□是　　□否		
三、KT600 解码器实车故障诊断与排除			
故障码诊断实操	□是　　□否		
数据流诊断实操	□是　　□否		
四、现场 5S 恢复			
1．整理、整顿、清扫、清洁、复位现场的工具、仪器等	□是　　□否		
2．整理、整顿、清扫、清洁、复位现场的设备、车辆等	□是　　□否		
3．清洁地面等	□是　　□否		

任务 1.2　汽车解码器使用——评分表

任务实施步骤	分数	得分	改进的方法
一、KT600 解码器功能介绍			
1．读取车辆电脑型号	3		
2．读取故障码	3		
3．清除故障码	3		
4．读取动态数据流	3		
5．元件控制测试	3		
二、实车运用 KT600 解码器（以大众品牌为例）			
1．组装诊断仪	4		
2．车辆防护，连接仪器	4		
3．仪器开机，进入诊断界面	4		
4．读取车辆电脑信息	4		
5．读取发动机故障码	4		
6．清除故障码	4		
7．元件控制测试	4		
8．读取发动机动态数据流	4		
9．基本设定、调整、登录、自适应清除	4		
10．退出诊断仪	4		
三、KT600 解码器实车故障诊断与排除			
故障码诊断实操	15		
数据流诊断实操	15		
四、现场 5S 恢复			
1．整理、整顿、清扫、清洁、复位现场的工具、仪器等	5		
2．整理、整顿、清扫、清洁、复位现场的设备、车辆等	5		
3．清洁地面等	5		

任务 1.2 汽车解码器使用——交接单

班级：_____ 姓名（小组）：_____ 得分：_____

序号	问 题	是	否	说 明
1	操作工位的所有仪器设备工具等是否齐全，并且运行正常			如否，哪些物品需要进行维修
2	操作工位的所有仪器设备工具是否可以继续使用			如否，哪些物品需要被调换
3	是否已将操作工位恢复到初始状态（设备恢复/工具归位/地面清洁等）			如否，告知教师，并说明原因
4	是否已经完成了相关资料的整理，以及操作过程的记录			如否，打算何时完成
5	是否已经上交了全部的任务文档			如否，打算何时完成
日期		时间		

学生（小组）签字	

项目 2 汽车熔断器及继电器的检测与维护

任务 2.1 熔断器的检测与维护——任务单

0. 任务说明	近日小王所在的 4S 店接到一位车主的电话，该车主反映他的爱车刚启动又自动熄火了，接着就无法启动。随后小王带着检修设备与工具前去救援，经过一番检查后发现在打开点火开关 3～5s 内未听到燃油泵和燃油泵继电器工作的声音，现怀疑是燃油泵控制电路中的熔断器已熔断，因此需要对其进行检查，必要时进行更换
1. 信息资讯	熔断器的检测与维护信息表 # 学生分组完成或独立完成工作页
	需要使用到的设备和材料： • 教材《汽车电气设备检测与维护（含工作页）》科学出版社 • 相关车型维修手册及教学资源 • 教学实训车辆 4～6 辆 • 无线网络环境 • 任务相关信息表
2. 制订计划	熔断器的检测与维护计划制订 # 确定客户认知内容需求；选定相关内容的知识解说要点；编写操作流程和介绍解说词；检验合理性和可行性
	需要使用到的测量设备和材料： • 教材《汽车电气设备检测与维护（含工作页）》科学出版社 • 相关车型维修手册 • 教学实训车辆 4～6 辆 • 工具及工具车 4～6 套等 • 工作记录表
3. 合作实践	小组学生根据岗位分工完成熔断器的检测与维护介绍任务 # 学生根据人数进行岗位分工；学生开展任务实施；学生对任务实施情况进行记录
	需要使用到的测量设备和材料： • 工作记录表 • 教学实训车辆 4～6 辆 • 工具及工具车 4～6 套等 • 配套教材、学习资源
4. 检查评估	熔断器的检测与维护评估 # 根据操作情况完成检查表填写；小组学生开展讨论进行反思总结；教师和学生共同分析解决问题，改进方法；根据工位学时进行岗位轮换
	需要使用到的测量设备和材料： • 记录表 • 评分表
5. 岗位交接	汇总文档并将工作站恢复到初始状态 # 汇总所有工作文档，填好交给教师；与教师商讨工作结果；将工作站恢复到初始状态
	需要使用到的测量设备和材料： • 填写好信息表、记录表、评分表 • 填写好的交接单

任务 2.1 熔断器的检测与维护——信息表

班级：_____ 姓名（小组）：_____ 得分：_____

基础知识
1. 熔断器的作用是_____
2. 常见熔断器的规格包括_____
3. 熔断器盒的位置一般位于_____

请编写"熔断器的检测与维护"工作计划

序号	工作步骤	工具/辅助工具

任务 2.1 熔断器的检测与维护——记录表

班级：_____ 姓名（小组）：_____ 得分：_____

任务实施步骤	是否完成		实际时长	存在的问题
记录说明： 1. 记录每个任务实施步骤完成情况和时间 2. 记录操作中存在的问题				
一、汽车上熔断器认识				
1. 找到车辆熔断器盒	□是	□否		
2. 查看熔断器标识	□是	□否		
3. 通过标识查看对应的熔断器	□是	□否		
二、熔断器通断的检测				
1. 肉眼直观判断	□是	□否		
2. 万用表电阻挡测量	□是	□否		
三、熔断器的更换				
1. 前期准备	□是	□否		
2. 车辆防护	□是	□否		
3. 熔断器的识别	□是	□否		
4. 熔断器的检查	□是	□否		
5. 熔断器的更换	□是	□否		
四、现场 5S 恢复				
1. 整理、整顿、清扫、清洁、复位现场的工具、仪器等	□是	□否		
2. 整理、整顿、清扫、清洁、复位现场的设备、车辆等	□是	□否		
3. 清洁地面等	□是	□否		

任务 2.1 熔断器的检测与维护——评分表

任务实施步骤	分数	得分	改进的方法
一、汽车上熔断器认识			
1. 找到车辆熔断器盒	5		
2. 查看熔断器标识	10		
3. 通过标识查看对应的熔断器	25		
二、熔断器通断的检测			
1. 肉眼直观判断	5		
2. 万用表电阻挡测量	5		
三、熔断器的更换			
1. 前期准备	5		
2. 车辆防护	5		
3. 熔断器的识别	15		
4. 熔断器的检查	5		
5. 熔断器的更换	5		
四、现场 5S 恢复			
1. 整理、整顿、清扫、清洁、复位现场的工具、仪器等	5		
2. 整理、整顿、清扫、清洁、复位现场的设备、车辆等	5		
3. 清洁地面等	5		

任务 2.1 熔断器的检测与维护——交接单

班级：＿＿＿＿＿＿＿＿＿ 姓名（小组）：＿＿＿＿＿＿＿＿＿ 得分：＿＿＿＿＿＿＿＿＿

序号	问 题	是	否	说 明
1	操作工位的所有仪器设备工具等是否齐全，并且运行正常			如否，哪些物品需要进行维修
2	操作工位的所有仪器设备工具是否可以继续使用			如否，哪些物品需要被调换
3	是否已将操作工位恢复到初始状态（设备恢复/工具归位/地面清洁等）			如否，告知教师，并说明原因
4	是否已经完成了相关资料的整理，以及操作过程的记录			如否，打算何时完成
5	是否已经上交了全部的任务文档			如否，打算何时完成
日期		时间		

学生（小组）签字	

任务 2.2 继电器的检测与维护——任务单

0. 任务说明	近日小王所在的 4S 店接到一位车主的电话，该车主反映他的爱车刚启动又自动熄火了，接着就无法启动。随后小王带着检修设备与工具前去救援，经过一番检查后发现在打开点火开关 3～5s 内未听到燃油泵和燃油泵继电器工作的声音，并检查了燃油泵控制电路中的相关熔断器均正常，现怀疑是燃油泵继电器故障，因此需要对其进行检查，必要时进行更换
1. 信息资讯	继电器的检测与维护信息表 # 学生分组完成或独立完成工作页
	需要使用到的设备和材料： • 教材《汽车电气设备检测与维护（含工作页）》科学出版社 • 相关车型维修手册及教学资源 • 教学实训车辆 4～6 辆 • 无线网络环境 • 任务相关信息表
2. 制订计划	继电器的检测与维护计划制订 # 确定客户认知内容需求；选定相关内容的知识解说要点；编写操作流程和介绍解说词；检验合理性和可行性
	需要使用到的测量设备和材料： • 教材《汽车电气设备检测与维护（含工作页）》科学出版社 • 相关车型维修手册 • 教学实训车辆 4～6 辆 • 工具及工具车 4～6 套等 • 工作记录表
3. 合作实践	小组学生根据岗位分工完成继电器的检测与维护介绍任务 # 学生根据人数进行岗位分工；学生开展任务实施；学生对任务实施情况进行记录
	需要使用到的测量设备和材料： • 工作记录表 • 教学实训车辆 4～6 辆 • 工具及工具车 4～6 套等 • 配套教材、学习资源
4. 检查评估	继电器的检测与维护评估 # 根据操作情况完成检查表填写；小组学生开展讨论进行反思总结；教师和学生共同分析解决问题，改进方法；根据工位学时进行岗位轮换
	需要使用到的测量设备和材料： • 记录表 • 评分表
5. 岗位交接	汇总文档并将工作站恢复到初始状态 # 汇总所有工作文档，填好交给教师；与教师商讨工作结果；将工作站恢复到初始状态
	需要使用到的测量设备和材料： • 填写好信息表、记录表、评分表 • 填写好的交接单

任务 2.2 继电器的检测与维护——信息表

班级：_____ 姓名（小组）：_____ 得分：_____

基础知识
1. 继电器的作用是_____
2. 继电器的结构包括_____—_____
3. 继电器的常见故障主要包括_____

请编写"继电器的检测与维护"工作计划

序号	工作步骤	工具/辅助工具

任务 2.2　继电器的检测与维护——记录表

班级：＿＿＿＿＿＿　姓名（小组）：＿＿＿＿＿＿　得分：＿＿＿＿＿＿

记录说明：
1. 记录每个任务实施步骤完成情况和时间
2. 记录操作中存在的问题

任务实施步骤	是否完成	实际时长	存在的问题
一、汽车上继电器的典型应用			
1. 动力系统	□是　□否		
2. 安全系统	□是　□否		
3. 底盘系统	□是　□否		
4. 防盗系统	□是　□否		
5. 车身系统	□是　□否		
6. 便利性	□是　□否		
二、常用汽车继电器性能的判断			
1. 摸或听	□是　□否		
2. 换	□是　□否		
3. 测	□是　□否		
三、继电器工作性能的检查			
1. 前期准备	□是　□否		
2. 识别并取下燃油泵继电器	□是　□否		
3. 开路检查	□是　□否		
4. 加电检查	□是　□否		
四、现场5S恢复			
1. 整理、整顿、清扫、清洁、复位现场的工具、仪器等	□是　□否		
2. 整理、整顿、清扫、清洁、复位现场的设备、车辆等	□是　□否		
3. 清洁地面等	□是　□否		

18

任务 2.2 继电器的检测与维护——评分表

任务实施步骤	分数	得分	改进的方法
一、汽车上继电器的应用			
1. 动力系统	10		
2. 安全系统	10		
3. 底盘系统	5		
4. 防盗系统	5		
5. 车身系统	5		
6. 便利性	5		
二、常用汽车继电器性能的判断			
1. 摸或听	5		
2. 换	5		
3. 测	5		
三、继电器工作性能的检查			
1. 前期准备	5		
2. 识别并取下燃油泵继电器	5		
3. 开路检查	10		
4. 加电检查	10		
四、现场 5S 恢复			
1. 整理、整顿、清扫、清洁、复位现场的工具、仪器等	5		
2. 整理、整顿、清扫、清洁、复位现场的设备、车辆等	5		
3. 清洁地面等	5		

汽车电气设备检测与维护工作页

任务2.2 继电器的检测与维护——交接单

班级：_____ 姓名（小组）：_____ 得分：_____

序号	问 题	是	否	说 明
1	操作工位的所有仪器设备工具等是否齐全，并且运行正常			如否，哪些物品需要进行维修
2	操作工位的所有仪器设备工具是否可以继续使用			如否，哪些物品需要被调换
3	是否已将操作工位恢复到初始状态（设备恢复/工具归位/地面清洁等）			如否，告知教师，并说明原因
4	是否已经完成了相关资料的整理，以及操作过程的记录			如否，打算何时完成
5	是否已经上交了全部的任务文档			如否，打算何时完成
日期		时间		

学生（小组）签字	

任务 3.1　蓄电池的检测与维护——任务单

0. 任务说明	小王在某汽车 4S 店做维修接待。有一天刚上班，客户李先生就打电话来咨询，他的雪佛兰科鲁兹汽车在早上启动时，只听见起动机有轻微的"呐呐"声而车辆无法启动，并且喇叭声音也很小，李先生家离 4S 店的距离为 10km 左右 如果你是小王，请你与维修救援小组共同做好李先生车辆的接待，准备好备用蓄电池及工具，为李先生汽车的蓄电池实施检测，并解答李先生关于车辆蓄电池使用、检查及更换的相关问题
1. 信息资讯	蓄电池的检测与维护信息表 # 学生分组完成或独立完成工作页
	需要使用到的设备和材料： • 教材《汽车电气设备检测与维护（含工作页）》科学出版社 • 相关车型维修手册及教学资源 • 教学实训车辆 4~6 辆 • 无线网络环境 • 任务相关信息表
2. 制订计划	蓄电池的检测与维护计划制订 # 确定客户认知内容需求；选定相关内容的知识解说要点；编写操作流程和介绍解说词；检验合理性和可行性
	需要使用到的测量设备和材料： • 教材《汽车电气设备检测与维护（含工作页）》科学出版社 • 相关车型维修手册 • 教学实训车辆 4~6 辆 • 工具及工具车 4~6 套等 • 工作记录表
3. 合作实践	小组学生根据岗位分工完成蓄电池的检测与维护介绍任务 # 学生根据人数进行岗位分工；学生开展任务实施；学生对任务实施情况进行记录
	需要使用到的测量设备和材料： • 工作记录表 • 教学实训车辆 4~6 辆 • 工具及工具车 4~6 套等 • 配套教材、学习资源
4. 检查评估	蓄电池的检测与维护评估 # 根据操作情况完成检查表填写；小组学生开展讨论进行反思总结；教师和学生共同分析解决问题，改进方法；根据工位学时进行岗位轮换
	需要使用到的测量设备和材料： • 记录表 • 评分表
5. 岗位交接	汇总文档并将工作站恢复到初始状态 # 汇总所有工作文档，填好交给教师；与教师商讨工作结果；将工作站恢复到初始状态
	需要使用到的测量设备和材料： • 填写好信息表、记录表、评分表 • 填写好的交接单

任务 3.1 蓄电池的检测与维护——信息表

班级：_____ 姓名（小组）：_____ 得分：_____

基础知识

1. 汽车电气设备一般由_____、_____、_____ 组成的
2. 汽车电源的作用_____
3. 汽车电源系统的组成_____
4. 蓄电池的类型包括_____

请编写"蓄电池的检测与维护"工作计划		
序号	工作步骤	工具/辅助工具

任务 3.1　蓄电池的检测与维护——记录表

班级：＿＿＿＿＿＿＿＿＿＿＿　姓名（小组）：＿＿＿＿＿＿＿＿＿　得分：＿＿＿＿＿＿＿＿＿＿

记录说明：
1. 记录每个任务实施步骤完成情况和时间
2. 记录操作中存在的问题

任务实施步骤	是否完成	实际时长	存在的问题
一、识别汽车上的蓄电池			
1. 发动机舱内的蓄电池	□是　　□否		
2. 后备厢内的蓄电池	□是　　□否		
二、蓄电池的使用与维护			
1. 启动要求	□是　　□否		
2. 使用要求	□是　　□否		
3. 充电要求	□是　　□否		
三、蓄电池技术状况的检测			
1. 蓄电池的常规检查	□是　　□否		
2. 通过观察孔判断	□是　　□否		
3. 用万用表测量蓄电池端电压	□是　　□否		
4. 用高功率放电计测量蓄电池端电压	□是　　□否		
四、跨接启动车辆			
1. 前期准备	□是　　□否		
2. 连接电缆线	□是　　□否		
五、蓄电池的更换			
1. 拆卸蓄电池	□是　　□否		
2. 安装蓄电池	□是　　□否		
3. 启动发动机	□是　　□否		
六、现场 5S 恢复			
1. 整理、整顿、清扫、清洁、复位现场的工具、仪器等	□是　　□否		
2. 整理、整顿、清扫、清洁、复位现场的设备、车辆等	□是　　□否		
3. 清洁地面等	□是　　□否		

任务 3.1 蓄电池的检测与维护——评分表

任务实施步骤	是否完成	实际时长	改进的方法
一、识别汽车上的蓄电池			
1. 发动机舱内的蓄电池	5		
2. 后备厢内的蓄电池	5		
二、蓄电池的使用与维护			
1. 起动要求	5		
2. 使用要求	5		
3. 充电要求	10		
三、蓄电池技术状况的检测			
1. 蓄电池的常规检查	5		
2. 通过观察孔判断	5		
3. 用万用表测量蓄电池端电压	5		
4. 用高功率放电计测量蓄电池端电压	5		
四、跨接启动车辆			
1. 前期准备	5		
2. 连接起动电缆线	5		
五、蓄电池的更换			
1. 拆卸蓄电池	10		
2. 安装蓄电池	10		
3. 起动发动机	5		
六、现场 5S 恢复			
1. 整理、整顿、清扫、清洁、复位现场的工具、仪器等	5		
2. 整理、整顿、清扫、清洁、复位现场的设备、车辆等	5		
3. 清洁地面等	5		

任务 3.1 蓄电池的检测与维护——交接单

班级：_____ 姓名（小组）：_____ 得分：_____

序号	问 题	是	否	说 明
1	操作工位的所有仪器设备工具等是否齐全，并且运行正常			如否，哪些物品需要进行维修
2	操作工位的所有仪器设备工具是否可以继续使用			如否，哪些物品需要被调换
3	是否已将操作工位恢复到初始状态（设备恢复/工具归位/地面清洁等）			如否，告知教师，并说明原因
4	是否已经完成了相关资料的整理，以及操作过程的记录			如否，打算何时完成
5	是否已经上交了全部的任务文档			如否，打算何时完成
日期		时间		

学生（小组）签字	

任务 3.2 交流发电机的检测与维护——任务单

0. 任务说明	小王在某汽车 4S 店做维修接待。有一天下午，客户李先生打电话来咨询，他的雪佛兰科鲁兹汽车仪表板上充电指示灯亮了，汽车是否还能正常使用 如果你是小王，请你负责该车辆的接待，为李先生介绍发电机的作用及工作原理，完成李先生汽车电源系统的基本检查，并与李先生完成发电机使用、检查相关问题的沟通
1. 信息资讯	交流发电机的检测与维护信息表 # 学生分组完成或独立完成工作页 需要使用到的设备和材料： • 教材《汽车电气设备检测与维护（含工作页）》科学出版社 • 相关车型维修手册及教学资源 • 教学实训车辆 4~6 辆 • 无线网络环境 • 任务相关信息表
2. 制订计划	交流发电机的检测与维护计划制订 # 确定客户认知内容需求；选定相关内容的知识解说要点；编写操作流程和介绍解说词；检验合理性和可行性 需要使用到的测量设备和材料： • 教材《汽车电气设备检测与维护（含工作页）》科学出版社 • 相关车型维修手册 • 教学实训车辆 4~6 辆 • 工具及工具车 4~6 套等 • 工作记录表
3. 合作实践	小组学生根据岗位分工完成交流发电机的检测与维护介绍任务 # 学生根据人数进行岗位分工；学生开展任务实施；学生对任务实施情况进行记录 需要使用到的测量设备和材料： • 工作记录表 • 教学实训车辆 4~6 辆 • 工具及工具车 4~6 套等 • 配套教材、学习资源
4. 检查评估	交流发电机的检测与维护评估 # 根据操作情况完成检查表填写；小组学生开展讨论进行反思总结；教师和学生共同分析解决问题，改进方法；根据工位学时进行岗位轮换 需要使用到的测量设备和材料： • 记录表 • 评分表
5. 岗位交接	汇总文档并将工作站恢复到初始状态 # 汇总所有工作文档，填好交给教师；与教师商讨工作结果；将工作站恢复到初始状态 需要使用到的测量设备和材料： • 填写好信息表、记录表、评分表 • 填写好的交接单

任务 3.2　交流发电机的检测与维护——信息表

班级：_____ 姓名（小组）：_____ 得分：_____

基础知识
1. 交流发电机的作用是 _____
2. 交流发电机的类型包括 _____
3. 交流发电机的结构包括_____

请编写"交流发电机的检测与维护"工作计划		
序号	工作步骤	工具/辅助工具

任务 3.2　交流发电机的检测与维护——记录表

班级：_____　姓名（小组）：_____　得分：_____

记录说明： 1. 记录每个任务实施步骤完成情况和时间 2. 记录操作中存在的问题			
任务实施步骤	是否完成	实际时长	存在的问题
一、交流发电机的正确使用			
1. 打开点火开关，观察充电指示灯是否点亮	□是　　□否		
2. 启动发动机，观察充电指示灯是否熄灭	□是　　□否		
3. 车辆行驶中需要密切关注指示灯是否点亮	□是　　□否		
二、确认发电机是否正常发电			
1. 启动状态下，开启前照灯，检查蓄电池电压	□是　　□否		
2. 测量蓄电池的端电压在 14V 左右为正常	□是　　□否		
三、电源系统工作状态的检测			
1. 检测蓄电池静态电压	□是　　□否		
2. 检测怠速充电电压	□是　　□否		
3. 检查 2000 转充电电压	□是　　□否		
4. 检查怠速带负载充电电压	□是　　□否		
5. 检查带负载 2000 转充电电压	□是　　□否		
四、现场 5S 恢复			
1. 整理、整顿、清扫、清洁、复位现场的工具、仪器等	□是　　□否		
2. 整理、整顿、清扫、清洁、复位现场的设备、车辆等	□是　　□否		
3. 清洁地面等	□是　　□否		

任务 3.2　交流发电机的检测与维护——评分表

任务实施步骤	分数	得分	改进的方法
一、交流发电机的正确使用			
1．打开点火开关，观察充电灯指示灯是否点亮	5		
2．启动发动机，观察充电指示灯是否熄灭	5		
3．车辆行驶中需要密切关注指示灯是否点亮	5		
二、确认发电机是否正常发电			
1．启动状态下，开启前照灯，检查蓄电池电压	10		
2．测量蓄电池的端电压在 14V 左右为正常	10		
三、电源系统工作状态的检测			
1．检测蓄电池静态电压	10		
2．检测怠速充电电压	10		
3．检查 2000 转充电电压	10		
4．检查怠速带负载充电电压	10		
5．检查带负载 2000 转充电电压	10		
四、现场 5S 恢复			
1．整理、整顿、清扫、清洁、复位现场的工具、仪器等	5		
2．整理、整顿、清扫、清洁、复位现场的设备、车辆等	5		
3．清洁地面等	5		

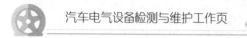

任务 3.2　交流发电机的检测与维护——交接单

班级：_____　姓名（小组）：_____　得分：_____

序号	问　　题	是	否	说　　明
1	操作工位的所有仪器设备工具等是否齐全,并且运行正常			如否,哪些物品需要进行维修
2	操作工位的所有仪器设备工具是否可以继续使用			如否,哪些物品需要被调换
3	是否已将操作工位恢复到初始状态（设备恢复/工具归位/地面清洁等）			如否,告知教师,并说明原因
4	是否已经完成了相关资料的整理,以及操作过程的记录			如否,打算何时完成
5	是否已经上交了全部的任务文档			如否,打算何时完成
日期		时间		

学生（小组）签字	

任务 3.3 起动机的检测与维护——任务单

0. 任务说明	小王在某汽车 4S 店做维修接待。有一天，小王接到客户李先生的电话，李先生说他的卡罗拉汽车无法启动，要求 4S 店进行现场急救，并需要用拖车将卡罗拉汽车运回并对该车的起动系统进行彻底检查。如果你是小王，请你负责接待李先生，为李先生介绍汽车起动系统的组成、功能及正确使用方法，并完成汽车起动系统初步检查，与客户完成关于起动系统故障的初步沟通
1. 信息资讯	起动机的检测与维护信息表 # 学生分组完成或独立完成工作页
	需要使用到的设备和材料： • 教材《汽车电气设备检测与维护（含工作页）》科学出版社 • 相关车型维修手册及教学资源 • 教学实训车辆 4～6 辆 • 无线网络环境 • 任务相关信息表
2. 制订计划	起动机的检测与维护计划制订 # 确定客户认知内容需求；选定相关内容的知识解说要点；编写操作流程和介绍解说词；检验合理性和可行性
	需要使用到的测量设备和材料： • 教材《汽车电气设备检测与维护（含工作页）》科学出版社 • 相关车型维修手册 • 教学实训车辆 4～6 辆 • 工具及工具车 4～6 套等 • 工作记录表
3. 合作实践	小组学生根据岗位分工完成起动机的检测与维护介绍任务 # 学生根据人数进行岗位分工；学生开展任务实施；学生对任务实施情况进行记录
	需要使用到的测量设备和材料： • 工作记录表 • 教学实训车辆 4～6 辆 • 工具及工具车 4～6 套等 • 配套教材、学习资源
4. 检查评估	起动机的检测与维护评估 # 根据操作情况完成检查表填写；小组学生开展讨论进行反思总结；教师和学生共同分析解决问题，改进方法；根据工位学时进行岗位轮换
	需要使用到的测量设备和材料： • 记录表 • 评分表
5. 岗位交接	汇总文档并将工作站恢复到初始状态 # 汇总所有工作文档，填好交给教师；与教师商讨工作结果；将工作站恢复到初始状态
	需要使用到的测量设备和材料： • 填写好信息表、记录表、评分表 • 填写好的交接单

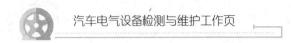

任务 3.3　起动机的检测与维护——信息表

班级：_____　姓名（小组）：_____　得分：_____

基础知识
1．起动系统的作用是 _____
2．起动系统的组成包括_____
3．起动机的类型包括_____
4．起动机的结构包括_____

| \multicolumn{3}{c}{请编写"起动机的检测与维护"工作计划} |

序号	工作步骤	工具/辅助工具

任务 3.3 起动机的检测与维护——记录表

班级：_____姓名（小组）：_____ 得分：_____

记录说明： 1. 记录每个任务实施步骤完成情况和时间 2. 记录操作中存在的问题			
任务实施步骤	是否完成	实际时长	存在的问题
一、正确启动车辆			
1. 点火开关挡位识别	□是　　□否		
2. 自动挡车辆启动	□是　　□否		
3. 手动挡车辆启动	□是　　□否		
4. 启动时间要求	□是　　□否		
二、熔断器和继电器的性能检测（以丰田卡罗拉为例）			
1. 熔断器识别	□是　　□否		
2. 取下熔断器	□是　　□否		
3. 熔断器检测	□是　　□否		
4. 继电器识别	□是　　□否		
5. 取下继电器	□是　　□否		
6. 继电器检测	□是　　□否		
三、现场 5S 恢复			
1. 整理、整顿、清扫、清洁、复位现场的工具、仪器等	□是　　□否		
2. 整理、整顿、清扫、清洁、复位现场的设备、车辆等	□是　　□否		
3. 清洁地面等	□是　　□否		

任务 3.3 起动机的检测与维护——评分表

任务实施步骤	分数	得分	改进的方法
一、正确启动车辆			
1．点火开关挡位识别	10		
2．自动挡车辆启动	5		
3．手动挡车辆启动	5		
4．启动时间要求	5		
二、熔断器和继电器的性能检测（以丰田卡罗拉为例）			
1．熔断器识别	10		
2．取下熔断器	5		
3．熔断器检测	10		
4．继电器识别	10		
5．取下继电器	5		
6．继电器检测	20		
三、现场 5S 恢复			
1．整理、整顿、清扫、清洁、复位现场的工具、仪器等	5		
2．整理、整顿、清扫、清洁、复位现场的设备、车辆等	5		
3．清洁地面等	5		

任务 3.3 起动机的检测与维护——交接单

班级：＿＿＿＿＿＿＿＿ 姓名（小组）：＿＿＿＿＿＿＿＿ 得分：＿＿＿＿＿＿＿＿

序号	问 题	是	否	说 明
1	操作工位的所有仪器设备工具等是否齐全,并且运行正常			如否，哪些物品需要进行维修
2	操作工位的所有仪器设备工具是否可以继续使用			如否，哪些物品需要被调换
3	是否已将操作工位恢复到初始状态（设备恢复/工具归位/地面清洁等）			如否，告知教师，并说明原因
4	是否已经完成了相关资料的整理,以及操作过程的记录			如否，打算何时完成
5	是否已经上交了全部的任务文档			如否，打算何时完成
日期		时间		

学生（小组）签字	

项目 4　汽车信号及仪表系统的检测与维护

任务 4.1　汽车信号系统的检测与维护——任务单

0. 任务说明	小王在某汽车 4S 店做维修接待近三年了。有一天，客户周先生开着一辆卡罗拉汽车来到 4S 店，周先生反映该车左转向灯闪烁频率很快 如果你是小王，请你负责该车辆接待，给周先生介绍汽车转向信号系统的组成及正确使用方法，并完成转向信号系统的初步检查，与周先生完成关于转向信号系统故障的初步沟通
1. 信息资讯	汽车信号系统的检测与维护信息表 # 学生分组完成或独立完成工作页
	需要使用到的设备和材料： • 教材《汽车电气设备检测与维护（含工作页）》科学出版社 • 相关车型维修手册及教学资源 • 教学实训车辆 4～6 辆 • 无线网络环境 • 任务相关信息表
2. 制订计划	汽车信号系统的检测与维护计划制订 # 确定客户认知内容需求；选定相关内容的知识解说要点；编写操作流程和介绍解说词；检验合理性和可行性
	需要使用到的测量设备和材料： • 教材《汽车电气设备检测与维护（含工作页）》科学出版社 • 相关车型维修手册 • 教学实训车辆 4～6 辆 • 工具及工具车 4～6 套等 • 工作记录表
3. 合作实践	小组学生根据岗位分工完成汽车信号系统的检测与维护介绍任务 # 学生根据人数进行岗位分工；学生开展任务实施；学生对任务实施情况进行记录
	需要使用到的测量设备和材料： • 工作记录表 • 教学实训车辆 4～6 辆 • 工具及工具车 4～6 套等 • 配套教材、学习资源
4. 检查评估	汽车信号系统的检测与维护评估 # 根据操作情况完成检查表填写；小组学生开展讨论进行反思总结；教师和学生共同分析解决问题，改进方法；根据工位学时进行岗位轮换
	需要使用到的测量设备和材料： • 记录表 • 评分表
5. 岗位交接	汇总文档并将工作站恢复到初始状态 # 汇总所有工作文档，填好交给教师；与教师商讨工作结果；将工作站恢复到初始状态
	需要使用到的测量设备和材料： • 填写好信息表、记录表、评分表 • 填写好的交接单

任务 4.1　汽车信号系统的检测与维护——信息表

班级：_____ 姓名（小组）：_____ 得分：_____

基础知识

1. 汽车信号系统的作用_____
2. 汽车信号系统的组成包括_____
3. 帕萨特汽车信号系统主要包括_____

请编写"汽车信号系统的检测与维护"工作计划		
序号	工作步骤	工具/辅助工具

任务 4.1 汽车信号系统的检测与维护——记录表

班级：_____ 姓名（小组）：_____ 得分：_____

记录说明： 1. 记录每个任务实施步骤完成情况和时间 2. 记录操作中存在的问题				
任务实施步骤	是否完成		实际时长	存在的问题
一、正确使用转向灯/危险警告灯				
1. 转向灯的使用	□是	□否		
2. 危险警告灯的使用	□是	□否		
二、汽车信号系统的性能检测				
1. 检查前部转向灯（含侧面）及其指示灯的工作情况	□是	□否		
2. 检查转向信号/多功能开关的自动返回功能	□是	□否		
3. 检查前部危险警告灯（含侧面）及其指示灯的工作情况	□是	□否		
4. 检查后部转向灯的工作情况	□是	□否		
5. 检查后部危险警告灯及其指示灯的工作情况	□是	□否		
6. 检查喇叭按钮及喇叭的工作情况	□是	□否		
三、转向灯/危险警告灯熔断器的检测（以丰田卡罗拉为例）				
1. 找到熔断器	□是	□否		
2. 检测熔断器	□是	□否		
四、转向灯继电器的检测（以丰田卡罗拉为例）				
1. 找到继电器	□是	□否		
2. 检测继电器	□是	□否		
五、转向灯开关的检测（以丰田卡罗拉为例）				
1. 转向灯开关端子	□是	□否		
2. 转向灯开关检测	□是	□否		
六、现场 5S 恢复				
1. 整理、整顿、清扫、清洁、复位现场的工具、仪器等	□是	□否		
2. 整理、整顿、清扫、清洁、复位现场的设备、车辆等	□是	□否		
3. 清洁地面等	□是	□否		

任务 4.1 汽车信号系统的检测与维护——评分表

任务实施步骤	分数	得分	改进的方法
一、正确使用转向灯/危险警告灯			
1. 转向灯的使用	5		
2. 危险警告灯的使用	5		
二、汽车信号系统的性能检测			
1. 检查前部转向灯（含侧面）及其指示灯的工作情况	5		
2. 检查转向信号/多功能开关的自动返回功能	5		
3. 检查前部危险警告灯（含侧面）及其指示灯的工作情况	5		
4. 检查后部转向灯的工作情况	5		
5. 检查后部危险警告灯及其指示灯的工作情况	5		
6. 检查喇叭按钮及喇叭的工作情况	5		
三、转向灯/危险警告灯熔断器的检测（以丰田卡罗拉为例）			
1. 找到熔断器	5		
2. 检测熔断器	5		
四、转向灯继电器的检测（以丰田卡罗拉为例）			
1. 找到继电器	5		
2. 检测继电器	10		
五、转向灯开关的检测（以丰田卡罗拉为例）			
1. 转向灯开关端子	10		
2. 转向灯开关检测	10		
六、现场 5S 恢复			
1. 整理、整顿、清扫、清洁、复位现场的工具、仪器等	5		
2. 整理、整顿、清扫、清洁、复位现场的设备、车辆等	5		
3. 清洁地面等	5		

汽车电气设备检测与维护工作页

任务 4.1　汽车信号系统的检测与维护——交接单

班级：_____　姓名（小组）：_____　得分：_____

序号	问　题	是	否	说　明
1	操作工位的所有仪器设备工具等是否齐全，并且运行正常			如否，哪些物品需要进行维修
2	操作工位的所有仪器设备工具是否可以继续使用			如否，哪些物品需要被调换
3	是否已将操作工位恢复到初始状态（设备恢复/工具归位/地面清洁等）			如否，告知教师，并说明原因
4	是否已经完成了相关资料的整理，以及操作过程的记录			如否，打算何时完成
5	是否已经上交了全部的任务文档			如否，打算何时完成
日期		时间		

学生（小组）签字	

任务 4.2 仪表系统的检测与维护——任务单

0. 任务说明	小王在某上海大众汽车 4S 店做维修接待三年了。有一天，客户韩先生开着一辆新款帕萨特汽车来到 4S 店，韩先生反映该车仪表上一个报警灯亮了，韩先生记得上次车子做保养是半年前了，他想知道这个报警灯是否就是提示汽车该做保养了 如果你是小王，请你进行该车辆接待，给韩先生介绍汽车仪表及警报系统功能及正确使用方法，并完成仪表系统初步检查，与韩先生完成关于该车仪表系统故障的初步沟通	
1. 信息资讯	仪表系统的检测与维护信息表 # 学生分组完成或独立完成工作页	
	需要使用到的设备和材料： • 教材《汽车电气设备检测与维护（含工作页）》科学出版社 • 相关车型维修手册及教学资源 • 教学实训车辆 4～6 辆 • 无线网络环境 • 任务相关信息表	
2. 制订计划	仪表系统的检测与维护计划制订 # 确定客户认知内容需求；选定相关内容的知识解说要点；编写操作流程和介绍解说词；检验合理性和可行性	
	需要使用到的测量设备和材料： • 教材《汽车电气设备检测与维护（含工作页）》科学出版社 • 相关车型维修手册 • 教学实训车辆 4～6 辆 • 工具及工具车 4～6 套等 • 工作记录表	
3. 合作实践	小组学生根据岗位分工完成仪表系统的检测与维护介绍任务 # 学生根据人数进行岗位分工；学生开展任务实施；学生对任务实施情况进行记录	
	需要使用到的测量设备和材料： • 工作记录表 • 教学实训车辆 4～6 辆 • 工具及工具车 4～6 套等 • 配套教材、学习资源	
4. 检查评估	仪表系统的检测与维护评估 # 根据操作情况完成检查表填写；小组学生开展讨论进行反思总结；教师和学生共同分析解决问题，改进方法；根据工位学时进行岗位轮换	
	需要使用到的测量设备和材料： • 记录表 • 评分表	
5. 岗位交接	汇总文档并将工作站恢复到初始状态 # 汇总所有工作文档，填好交给教师；与教师商讨工作结果；将工作站恢复到初始状态	
	需要使用到的测量设备和材料： • 填写好信息表、记录表、评分表 • 填写好的交接单	

任务 4.2　仪表系统的检测与维护——信息表

班级：_____　姓名（小组）：_____　得分：_____

基础知识
1. 汽车仪表的类型包括 _____
2. 车辆状态传感器主要包括_____
3. 智能仪表上其他功能主要包括_____

<table>
<tr><td colspan="3" align="center">请编写"仪表系统的检测与维护"工作计划</td></tr>
<tr><td align="center">序号</td><td align="center">工作步骤</td><td align="center">工具/辅助工具</td></tr>
<tr><td></td><td></td><td></td></tr>
<tr><td></td><td></td><td></td></tr>
<tr><td></td><td></td><td></td></tr>
<tr><td></td><td></td><td></td></tr>
<tr><td></td><td></td><td></td></tr>
<tr><td></td><td></td><td></td></tr>
<tr><td></td><td></td><td></td></tr>
<tr><td></td><td></td><td></td></tr>
<tr><td></td><td></td><td></td></tr>
<tr><td></td><td></td><td></td></tr>
<tr><td></td><td></td><td></td></tr>
<tr><td></td><td></td><td></td></tr>
<tr><td></td><td></td><td></td></tr>
</table>

任务 4.2 仪表系统的检测与维护——记录表

班级：_____ 姓名（小组）：_____ 得分：_____

任务实施步骤	是否完成	实际时长	存在的问题
记录说明： 1. 记录每个任务实施步骤完成情况和时间 2. 记录操作中存在的问题			
一、认识仪表			
1. 调节按钮	□是 □否		
2. 转速表	□是 □否		
3. 发动机冷却液温度表	□是 □否		
4. 显示屏	□是 □否		
5. 车速表	□是 □否		
6. 燃油存量表	□是 □否		
7. 复位按钮	□是 □否		
二、识别仪表盘内的报警和指示灯			
1. 报警灯	□是 □否		
2. 指示灯	□是 □否		
三、保养预检及仪表盘相关信息记录			
1. 保养预检表	□是 □否		
2. 保养预检记录表	□是 □否		
四、现场 5S 恢复			
1. 整理、整顿、清扫、清洁、复位现场的工具、仪器等	□是 □否		
2. 整理、整顿、清扫、清洁、复位现场的设备、车辆等	□是 □否		
3. 清洁地面等	□是 □否		

任务 4.2 仪表系统的检测与维护——评分表

任务实施步骤	分数	得分	改进的方法
一、认识仪表			
1. 调节按钮	3		
2. 转速表	3		
3. 发动机冷却液温度表	3		
4. 显示屏	3		
5. 车速表	3		
6. 燃油存量表	3		
7. 复位按钮	2		
二、识别仪表盘内的报警和指示灯			
1. 报警灯	20		
2. 指示灯	25		
三、保养预检及仪表盘相关信息记录			
1. 保养预检表	10		
2. 保养预检记录表	10		
四、现场 5S 恢复			
1. 整理、整顿、清扫、清洁、复位现场的工具、仪器等	5		
2. 整理、整顿、清扫、清洁、复位现场的设备、车辆等	5		
3. 清洁地面等	5		

任务 4.2　仪表系统的检测与维护——交接单

班级：_____姓名（小组）：_____ 得分：_____

序号	问　题	是	否	说　明
1	操作工位的所有仪器设备工具等是否齐全，并且运行正常			如否，哪些物品需要进行维修
2	操作工位的所有仪器设备工具是否可以继续使用			如否，哪些物品需要被调换
3	是否已将操作工位恢复到初始状态（设备恢复/工具归位/地面清洁等）			如否，告知教师，并说明原因
4	是否已经完成了相关资料的整理，以及操作过程的记录			如否，打算何时完成
5	是否已经上交了全部的任务文档			如否，打算何时完成
日期		时间		

学生（小组）签字	

任务 5.1 车灯总成的拆装与更换——任务单

0. 任务说明	近日小王所在的 4S 店接到一位车主的电话，该车主反映他的爱车在驾驶时左前方的车灯被撞碎了，车灯不亮，给驾驶带来了一定安全隐患。询问小王店里是否有货可以更换
1. 信息资讯	车灯总成的拆装与更换信息表 # 学生分组完成或独立完成工作页
	需要使用到的设备和材料： • 教材《汽车电气设备检测与维护（含工作页）》科学出版社 • 相关车型维修手册及教学资源 • 教学实训车辆 4~6 辆 • 无线网络环境 • 任务相关信息表
2. 制订计划	车灯总成的拆装与更换计划制订 # 确定客户认知内容需求；选定相关内容的知识解说要点；编写操作流程和介绍解说词；检验合理性和可行性
	需要使用到的测量设备和材料： • 教材《汽车电气设备检测与维护（含工作页）》科学出版社 • 相关车型维修手册 • 教学实训车辆 4~6 辆 • 工具及工具车 4~6 套等 • 工作记录表
3. 合作实践	小组学生根据岗位分工完成车灯总成的拆装与更换介绍任务 # 学生根据人数进行岗位分工；学生开展任务实施；学生对任务实施情况进行记录
	需要使用到的测量设备和材料： • 工作记录表 • 教学实训车辆 4~6 辆 • 工具及工具车 4~6 套等 • 配套教材、学习资源
4. 检查评估	车灯总成的拆装与更换评估 # 根据操作情况完成检查表填写；小组学生开展讨论进行反思总结；教师和学生共同分析解决问题，改进方法；根据工位学时进行岗位轮换
	需要使用到的测量设备和材料： • 记录表 • 评分表
5. 岗位交接	汇总文档并将工作站恢复到初始状态 # 汇总所有工作文档，填好交给教师；与教师商讨工作结果；将工作站恢复到初始状态
	需要使用到的测量设备和材料： • 填写好信息表、记录表、评分表 • 填写好的交接单

任务 5.1　车灯总成的拆装与更换——信息表

班级：＿＿＿＿＿＿＿　姓名（小组）：＿＿＿＿＿＿＿＿＿　得分：＿＿＿＿＿＿＿＿

基础知识
1．照明系统的作用是 ＿＿＿＿＿＿＿＿＿＿＿＿＿＿＿＿＿＿＿＿＿＿＿＿＿
2．车灯一般包括 ＿＿＿＿＿＿＿＿＿＿＿＿＿＿＿＿＿＿＿＿＿＿＿＿＿＿＿
3．前照灯的组成及各自特点＿＿＿＿＿＿＿＿＿＿＿＿＿＿＿＿＿＿＿＿＿＿＿

请编写"车灯总成的拆装与更换"工作计划		
序号	工作步骤	工具/辅助工具

任务 5.1　车灯总成的拆装与更换——记录表

班级：_____　姓名（小组）：_____　得分：_____

记录说明： 1. 记录每个任务实施步骤完成情况和时间 2. 记录操作中存在的问题			
任务实施步骤	是否完成	实际时长	存在的问题
一、前、后部车灯认识			
1. 前部车灯认识	□是　　□否		
2. 后部车灯认识	□是　　□否		
二、灯光系统的性能检查			
1. 检查前部示廓灯的工作情况	□是　　□否		
2. 检查前照灯近光的工作情况	□是　　□否		
3. 检查前照灯远光及其指示灯的工作情况	□是　　□否		
4. 检查前照灯闪光及远光指示灯的工作情况	□是　　□否		
5. 检查后部示廓灯的工作情况	□是　　□否		
6. 检查牌照灯的工作情况	□是　　□否		
7. 检查制动灯（含高位）的工作情况	□是　　□否		
8. 检查倒车灯的工作情况	□是　　□否		
三、前照灯总成的拆装与更换			
1. 前期准备	□是　　□否		
2. 车辆防护	□是　　□否		
3. 前保险杠拆卸	□是　　□否		
4. 汽车前照灯总成的拆卸	□是　　□否		
四、后部车灯总成的拆装与更换			
后部灯总成的拆装与更换	□是　　□否		
五、现场 5S 恢复			
1. 整理、整顿、清扫、清洁、复位现场的工具、仪器等	□是　　□否		
2. 整理、整顿、清扫、清洁、复位现场的设备、车辆等	□是　　□否		
3. 清洁地面等	□是　　□否		

任务 5.1　车灯总成的拆装与更换——评分表

任务实施步骤	分数	得分	改进的方法
一、前、后部车灯认识			
1. 前部车灯认识	10		
2. 后部车灯认识	10		
二、灯光系统的性能检查			
1. 检查前部示廓灯的工作情况	3		
2. 检查前照灯近光的工作情况	3		
3. 检查前照灯远光及其指示灯的工作情况	3		
4. 检查前照灯闪光及远光指示灯的工作情况	3		
5. 检查后部示廓灯的工作情况	3		
6. 检查牌照灯的工作情况	3		
7. 检查制动灯（含高位）的工作情况	3		
8. 检查倒车灯的工作情况	4		
三、前照灯总成的拆装与更换			
1. 前期准备	5		
2. 车辆防护	5		
3. 前保险杠拆卸	10		
4. 汽车前照灯总成的拆卸	10		
四、后部车灯总成的拆装与更换			
后部灯总成的拆装与更换	10		
五、现场 5S 恢复			
1. 整理、整顿、清扫、清洁、复位现场的工具、仪器等	5		
2. 整理、整顿、清扫、清洁、复位现场的设备、车辆等	5		
3. 清洁地面等	5		

任务 5.1　车灯总成的拆装与更换——交接单

班级：_____姓名（小组）：_____得分：_____

序号	问 题	是	否	说 明
1	操作工位的所有仪器设备工具等是否齐全，并且运行正常			如否，哪些物品需要进行维修
2	操作工位的所有仪器设备工具是否可以继续使用			如否，哪些物品需要被调换
3	是否已将操作工位恢复到初始状态（设备恢复/工具归位/地面清洁等）			如否，告知教师，并说明原因
4	是否已经完成了相关资料的整理，以及操作过程的记录			如否，打算何时完成
5	是否已经上交了全部的任务文档			如否，打算何时完成
日期		时间		

学生（小组）签字	

任务 5.2 灯泡的拆装与更换——任务单

0. 任务说明	近日小王所在的一汽丰田 4S 店接到一位车主的电话，该车主反映他的丰田卡罗拉制动时，只有右侧灯亮，左侧灯不亮，给驾驶带来了一定的安全隐患。如果你是小王，你能帮助车主解决他的问题吗
1. 信息资讯	灯泡的拆装与更换信息表 # 学生分组完成或独立完成工作页
	需要使用到的设备和材料： • 教材《汽车电气设备检测与维护（含工作页）》科学出版社 • 相关车型维修手册及教学资源 • 教学实训车辆 4~6 辆 • 无线网络环境 • 任务相关信息表
2. 制订计划	灯泡的拆装与更换计划制订 # 确定客户认知内容需求；选定相关内容的知识解说要点；编写操作流程和介绍解说词；检验合理性和可行性
	需要使用到的测量设备和材料： • 教材《汽车电气设备检测与维护（含工作页）》科学出版社 • 相关车型维修手册 • 教学实训车辆 4~6 辆 • 工具及工具车 4~6 套等 • 工作记录表
3. 合作实践	小组学生根据岗位分工完成灯泡的拆装与更换介绍任务 # 学生根据人数进行岗位分工；学生开展任务实施；学生对任务实施情况进行记录
	需要使用到的测量设备和材料： • 工作记录表 • 教学实训车辆 4~6 辆 • 工具及工具车 4~6 套等 • 配套教材、学习资源
4. 检查评估	灯泡的拆装与更换评估 # 根据操作情况完成检查表填写；小组学生开展讨论进行反思总结；教师和学生共同分析解决问题，改进方法；根据工位学时进行岗位轮换
	需要使用到的测量设备和材料： • 记录表 • 评分表
5. 岗位交接	汇总文档并将工作站恢复到初始状态 # 汇总所有工作文档，填好交给教师；与教师商讨工作结果；将工作站恢复到初始状态
	需要使用到的测量设备和材料： • 填写好信息表、记录表、评分表 • 填写好的交接单

任务 5.2　灯泡的拆装与更换——信息表

班级：＿＿＿＿＿＿＿＿＿＿　姓名（小组）：＿＿＿＿＿＿＿＿＿＿　得分：＿＿＿＿＿＿＿＿＿＿

基础知识		
1．照明灯的类型及作用是＿＿＿＿＿＿＿＿＿＿＿＿＿＿＿＿＿＿＿＿＿＿＿＿＿＿ 2．汽车灯泡的类型包括＿＿＿＿＿＿＿，＿＿＿＿＿＿＿，＿＿＿＿＿＿＿		
请编写"灯泡的拆装与更换"工作计划		
序号	工作步骤	工具/辅助工具

任务 5.2 灯泡的拆装与更换——记录表

班级：_____姓名（小组）：_____ 得分：_____

记录说明：
1. 记录每个任务实施步骤完成情况和时间
2. 记录操作中存在的问题

任务实施步骤	是否完成	实际时长	存在的问题
一、前、后部车灯认识			
1. 前部车灯认识	□是 □否		
2. 后部车灯认识	□是 □否		
二、汽车灯泡的更换			
1. 前照灯近光灯泡的更换	□是 □否		
2. 前照灯远光灯泡的更换	□是 □否		
3. 前雾灯灯泡的更换	□是 □否		
4. 前示廓灯灯泡的更换	□是 □否		
5. 前转向信号灯灯泡的更换	□是 □否		
6. 制动灯、尾灯及后转向灯灯泡的更换	□是 □否		
7. 后雾灯及倒车灯灯泡的更换	□是 □否		
8. 牌照灯灯泡的更换	□是 □否		
三、现场 5S 恢复			
1. 整理、整顿、清扫、清洁、复位现场的工具、仪器等	□是 □否		
2. 整理、整顿、清扫、清洁、复位现场的设备、车辆等	□是 □否		
3. 清洁地面等	□是 □否		

任务 5.2　灯泡的拆装与更换——评分表

任务实施步骤	分数	得分	改进的方法
一、前、后部车灯认识			
1. 前部车灯认识	3		
2. 后部车灯认识	2		
二、汽车灯泡的更换			
1. 前照灯近光灯泡的更换	10		
2. 前照灯远光灯泡的更换	10		
3. 前雾灯灯泡的更换	10		
4. 前示廓灯灯泡的更换	10		
5. 前转向信号灯灯泡的更换	10		
6. 制动灯、尾灯及后转向灯灯泡的更换	10		
7. 后雾灯及倒车灯灯泡的更换	10		
8. 牌照灯灯泡的更换	10		
三、现场 5S 恢复			
1. 整理、整顿、清扫、清洁、复位现场的工具、仪器等	5		
2. 整理、整顿、清扫、清洁、复位现场的设备、车辆等	5		
3. 清洁地面等	5		

任务 5.2 灯泡的拆装与更换——交接单

班级：＿＿＿＿＿＿＿＿ 姓名（小组）：＿＿＿＿＿＿＿＿ 得分：＿＿＿＿＿＿＿＿

序号	问　　题	是	否	说　　明
1	操作工位的所有仪器设备工具等是否齐全，并且运行正常			如否，哪些物品需要进行维修
2	操作工位的所有仪器设备工具是否可以继续使用			如否，哪些物品需要被调换
3	是否已将操作工位恢复到初始状态（设备恢复/工具归位/地面清洁等）			如否，告知教师，并说明原因
4	是否已经完成了相关资料的整理，以及操作过程的记录			如否，打算何时完成
5	是否已经上交了全部的任务文档			如否，打算何时完成
日期		时间		

学生（小组）签字	

项目6 汽车舒适系统的检测与维护

任务 6.1 雨刮器和清洗系统的检测与维护——任务单

0. 任务说明	近日小王所在的 4S 店接到一位车主的电话，该车主反映他的爱车挡风玻璃的雨刮器工作不是很好，雨刮器在使用的时候刮不干净，给驾驶带来一定安全隐患，询问是否需要进行维修。如果让你对此车进行相应的检查，必要时进行更换相关部件，你会吗
1. 信息资讯	雨刮器和清洗系统的检测与维护信息表 # 学生分组完成或独立完成工作页
	需要使用到的设备和材料： • 教材《汽车电气设备检测与维护（含工作页）》科学出版社 • 相关车型维修手册及教学资源 • 教学实训车辆 4～6 辆 • 无线网络环境 • 任务相关信息表
2. 制订计划	雨刮器和清洗系统的检测与维护计划制订 # 确定客户认知内容需求；选定相关内容的知识解说要点；编写操作流程和介绍解说词；检验合理性和可行性
	需要使用到的测量设备和材料： • 教材《汽车电气设备检测与维护（含工作页）》科学出版社 • 相关车型维修手册 • 教学实训车辆 4～6 辆 • 工具及工具车 4～6 套等 • 工作记录表
3. 合作实践	小组学生根据岗位分工完成雨刮器和清洗系统的检测与维护介绍任务 # 学生根据人数进行岗位分工；学生开展任务实施；学生对任务实施情况进行记录
	需要使用到的测量设备和材料： • 工作记录表 • 教学实训车辆 4～6 辆 • 工具及工具车 4～6 套等 • 配套教材、学习资源
4. 检查评估	雨刮器和清洗系统的检测与维护评估 # 根据操作情况完成检查表填写；小组学生开展讨论进行反思总结；教师和学生共同分析解决问题，改进方法；根据工位学时进行岗位轮换
	需要使用到的测量设备和材料： • 记录表 • 评分表
5. 岗位交接	汇总文档并将工作站恢复到初始状态 # 汇总所有工作文档，填好交给教师；与教师商讨工作结果；将工作站恢复到初始状态
	需要使用到的测量设备和材料： • 填写好信息表、记录表、评分表 • 填写好的交接单

任务 6.1　雨刮器和清洗系统的检测与维护——信息表

班级：_____　姓名（小组）：_____　得分：_____

基础知识

1. 雨刮器的作用 _____
2. 雨刮器的发展经历了手动、真空、气动以及 _____ 等过程
3. 雨刮器的变速是利用 _____ 的变速原理来实现的。一般刮水电动机有_____和
_____ 两种
4. 风窗清洗器的组成包括_____

请编写"雨刮器和清洗系统的检测与维护"工作计划		
序号	工作步骤	工具/辅助工具

任务 6.1　雨刮器和清洗系统的检测与维护——记录表

班级：_____ 姓名（小组）：_____ 得分：_____

记录说明： 1. 记录每个任务实施步骤完成情况和时间 2. 记录操作中存在的问题			
任务实施步骤	是否完成	实际时长	存在的问题
一、雨刮器和清洗系统使用方法			
1. 雨刮器及清洗器各挡位的使用	□是　　□否		
2. 清洗液液位检查	□是　　□否		
二、雨刮器和清洗系统熔断器检查			
1. 找到熔断器	□是　　□否		
2. 熔断器检测	□是　　□否		
三、雨刮器的检测与维护			
1. 前期准备	□是　　□否		
2. 车辆防护	□是　　□否		
3. 刮水片的维护	□是　　□否		
4. 雨刮器的拆卸	□是　　□否		
四、挡风玻璃清洗系统的检测与维护			
1. 检查并添加玻璃水	□是　　□否		
2. 检查清洗喷射位置	□是　　□否		
3. 调整或疏通喷嘴	□是　　□否		
五、现场 5S 恢复			
1. 整理、整顿、清扫、清洁、复位现场的工具、仪器等	□是　　□否		
2. 整理、整顿、清扫、清洁、复位现场的设备、车辆等	□是　　□否		
3. 清洁地面等	□是　　□否		

任务 6.1 雨刮器和清洗系统的检测与维护——评分表

任务实施步骤	分数	得分	改进的方法
一、雨刮器和清洗系统使用方法			
1. 雨刮器和清洗器各挡位的使用	10		
2. 清洗液液位检查	10		
二、雨刮器和清洗系统熔断器检查			
1. 找到熔断器	5		
2. 熔断器检测	5		
三、汽车雨刮器的检测与维护			
1. 前期准备	5		
2. 车辆防护	5		
3. 刮水片的维护	10		
4. 雨刮器的拆卸	20		
四、挡风玻璃清洗系统的检测与维护			
1. 检查并添加玻璃水	5		
2. 检查清洗喷射位置	5		
3. 调整或疏通喷嘴	5		
五、现场 5S 恢复			
1. 整理、整顿、清扫、清洁、复位现场的工具、仪器等	5		
2. 整理、整顿、清扫、清洁、复位现场的设备、车辆等	5		
3. 清洁地面等	5		

汽车电气设备检测与维护工作页

任务 6.1　雨刮器和清洗系统的检测与维护——交接单

班级：＿＿＿＿＿＿＿＿　姓名（小组）：＿＿＿＿＿＿＿＿　得分：＿＿＿＿＿＿＿＿

序号	问　　题	是	否	说　　明
1	操作工位的所有仪器设备工具等是否齐全，并且运行正常			如否，哪些物品需要进行维修
2	操作工位的所有仪器设备工具是否可以继续使用			如否，哪些物品需要被调换
3	是否已将操作工位恢复到初始状态（设备恢复/工具归位/地面清洁等）			如否，告知教师，并说明原因
4	是否已经完成了相关资料的整理，以及操作过程的记录			如否，打算何时完成
5	是否已经上交了全部的任务文档			如否，打算何时完成
日期		时间		

学生（小组）签字	

任务 6.2　电动车窗、座椅、后视镜及天窗的检测与维护——任务单

0. 任务说明	近日小王所在的一汽丰田 4S 店接到一位车主的电话，该车主反映他的丰田卡罗拉车窗不能升降了，咨询能不能在小王这里进行检查、维修，如果让你对此车进行相应的检查，必要时进行更换相关部件，你会吗
1. 信息资讯	电动车窗、座椅、后视镜及天窗的检测与维护信息表 # 学生分组完成或独立完成工作页
	需要使用到的设备和材料： • 教材《汽车电气设备检测与维护（含工作页）》科学出版社 • 相关车型维修手册及教学资源 • 教学实训车辆 4~6 辆 • 无线网络环境 • 任务相关信息表
2. 制订计划	电动车窗、座椅、后视镜及天窗的检测与维护计划制订 # 确定客户认知内容需求；选定相关内容的知识解说要点；编写操作流程和介绍解说词；检验合理性和可行性
	需要使用到的测量设备和材料： • 教材《汽车电气设备检测与维护（含工作页）》科学出版社 • 相关车型维修手册 • 教学实训车辆 4~6 辆 • 工具及工具车 4~6 套等 • 工作记录表
3. 合作实践	小组学生根据岗位分工完成电动车窗、座椅、后视镜及天窗的检测与维护介绍任务 # 学生根据人数进行岗位分工；学生开展任务实施；学生对任务实施情况进行记录
	需要使用到的测量设备和材料： • 工作记录表 • 教学实训车辆 4~6 辆 • 工具及工具车 4~6 套等 • 配套教材、学习资源
4. 检查评估	电动车窗、座椅、后视镜及天窗的检测与维护评估 # 根据操作情况完成检查表填写；小组学生开展讨论进行反思总结；教师和学生共同分析解决问题，改进方法；根据工位学时进行岗位轮换
	需要使用到的测量设备和材料： • 记录表 • 评分表
5. 岗位交接	汇总文档并将工作站恢复到初始状态 # 汇总所有工作文档，填好交给教师；与教师商讨工作结果；将工作站恢复到初始状态
	需要使用到的测量设备和材料： • 填写好信息表、记录表、评分表 • 填写好的交接单

汽车电气设备检测与维护工作页

任务 6.2　电动车窗、座椅、后视镜及天窗的检测与维护——信息表

班级：_____姓名（小组）：_____得分：_____

基础知识
1. 电动车窗的组成 _____
2. 电动天窗的组成 _____
3. 电动后视镜的组成 _____
4. 电动座椅的组成 _____

请编写"电动车窗、座椅、后视镜及天窗的检测与维护"工作计划		
序号	工作步骤	工具/辅助工具

任务 6.2 电动车窗、座椅、后视镜及天窗的检测与维护——记录表

班级：_____ 姓名（小组）：_____ 得分：_____

记录说明：
1. 记录每个任务实施步骤完成情况和时间
2. 记录操作中存在的问题

任务实施步骤	是否完成		实际时长	存在的问题
一、电动车窗的正确使用				
1. 主控开关	□是	□否		
2. 分控开关	□是	□否		
二、电动座椅的正确使用				
1. 电动座椅角度调节	□是	□否		
2. 座椅加热器的使用	□是	□否		
三、电动车窗熔断器及继电器的检测				
熔断器的检测	□是	□否		
继电器的检测	□是	□否		
四、电动车窗的拆卸与更换				
1. 前期准备	□是	□否		
2. 车辆防护	□是	□否		
3. 车门内饰板的拆卸	□是	□否		
4. 摇窗机总成的拆卸	□是	□否		
五、电动天窗的检查与维护				
1. 天窗的检查	□是	□否		
2. 天窗电机的更换	□是	□否		
六、现场 5S 恢复				
1. 整理、整顿、清扫、清洁、复位现场的工具、仪器等	□是	□否		
2. 整理、整顿、清扫、清洁、复位现场的设备、车辆等	□是	□否		
3. 清洁地面等	□是	□否		

任务6.2 电动车窗、座椅、后视镜及天窗的检测与维护——评分表

任务实施步骤	分数	得分	改进的方法
一、电动车窗的正确使用			
1．主控开关	5		
2．分控开关	5		
二、电动座椅的正确使用			
1．电动座椅角度调节	5		
2．座椅加热器的使用	5		
三、电动车窗熔断器及继电器的检测			
熔断器的检测	5		
继电器的检测	10		
四、电动车窗的拆卸与更换			
1．前期准备	5		
2．车辆防护	5		
3．车门内饰板的拆卸	10		
4．摇窗机总成的拆卸	10		
五、电动天窗的检查与维护			
1．天窗的检查	10		
2．天窗电机的更换	10		
六、现场5S恢复			
1．整理、整顿、清扫、清洁、复位现场的工具、仪器等	5		
2．整理、整顿、清扫、清洁、复位现场的设备、车辆等	5		
3．清洁地面等	5		

任务 6.2 电动车窗、座椅、后视镜及天窗的检测与维护——交接单

班级：_____ 姓名（小组）：_____ 得分：_____

序号	问　题	是	否	说　明
1	操作工位的所有仪器设备工具等是否齐全，并且运行正常			如否，哪些物品需要进行维修
2	操作工位的所有仪器设备工具是否可以继续使用			如否，哪些物品需要被调换
3	是否已将操作工位恢复到初始状态（设备恢复/工具归位/地面清洁等）			如否，告知教师，并说明原因
4	是否已经完成了相关资料的整理，以及操作过程的记录			如否，打算何时完成
5	是否已经上交了全部的任务文档			如否，打算何时完成
日期		时间		

学生（小组）签字	

任务 7.1　中控系统的检测与维护——任务单

0. 任务说明	小明在某丰田汽车 4S 店做维修接待两年了。有一天，客户王先生开着一辆卡罗拉汽车来到 4S 店，王先生反映该车无法通过驾驶员侧车门上的中控按钮对车门进行上锁，但是遥控门锁功能正常 如果你是小明，请你负责该车辆接待，给王先生介绍汽车中控系统的组成、功能及正确使用方法，并完成汽车中央门锁系统初步检查，与客户完成关于中央门锁系统故障的初步沟通
1. 信息资讯	中控系统的检测与维护信息表 # 学生分组完成或独立完成工作页
	需要使用到的设备和材料： • 教材《汽车电气设备检测与维护（含工作页）》科学出版社 • 相关车型维修手册及教学资源 • 教学实训车辆 4～6 辆 • 无线网络环境 • 任务相关信息表
2. 制订计划	中控系统的检测与维护计划制订 # 确定客户认知内容需求；选定相关内容的知识解说要点；编写操作流程和介绍说词；检验合理性和可行性
	需要使用到的测量设备和材料： • 教材《汽车电气设备检测与维护（含工作页）》科学出版社 • 相关车型维修手册 • 教学实训车辆 4～6 辆 • 工具及工具车 4～6 套等 • 工作记录表
3. 合作实践	小组学生根据岗位分工完成中控系统的检测与维护介绍任务 # 学生根据人数进行岗位分工；学生开展任务实施；学生对任务实施情况进行记录
	需要使用到的测量设备和材料： • 工作记录表 • 教学实训车辆 4～6 辆 • 工具及工具车 4～6 套等 • 配套教材、学习资源
4. 检查评估	中控系统的检测与维护评估 # 根据操作情况完成检查表填写；小组学生开展讨论进行反思总结；教师和学生共同分析解决问题，改进方法；根据工位学时进行岗位轮换
	需要使用到的测量设备和材料： • 记录表 • 评分表
5. 岗位交接	汇总文档并将工作站恢复到初始状态 # 汇总所有工作文档，填好交给教师；与教师商讨工作结果；将工作站恢复到初始状态
	需要使用到的测量设备和材料： • 填写好信息表、记录表、评分表 • 填写好的交接单

任务 7.1　中控系统的检测与维护——信息表

班级：_____姓名（小组）：_____　得分：_____

基础知识
1. 汽车中央门锁系统包括_____
2. 汽车遥控门锁的基本原理是_____   _____

请编写"中控系统的检测与维护"工作计划

序号	工作步骤	工具/辅助工具

任务 7.1 中控系统的检测与维护——记录表

班级：_____ 姓名（小组）：_____ 得分：_____

记录说明：
1. 记录每个任务实施步骤完成情况和时间
2. 记录操作中存在的问题

任务实施步骤	是否完成		实际时长	存在的问题
一、中央门锁的正确使用				
1. 用门锁控制开关上锁和解锁	□是	□否		
2. 用钥匙开关上锁和解锁	□是	□否		
二、遥控门锁的正确使用				
1. 用遥控器上锁车门	□是	□否		
2. 用遥控器解锁车门	□是	□否		
3. 用遥控器打开后备厢	□是	□否		
4. 用机械钥匙开启车门	□是	□否		
三、遥控器电池的更换				
1. 拆卸电池	□是	□否		
2. 安装电池	□是	□否		
四、中央门锁熔断器的检测				
1. 找到熔断器	□是	□否		
2. 熔断器的检测	□是	□否		
五、中央门锁控制开关的检测				
1. 拆卸开关	□是	□否		
2. 开关检测	□是	□否		
六、现场 5S 恢复				
1. 整理、整顿、清扫、清洁、复位现场的工具、仪器等	□是	□否		
2. 整理、整顿、清扫、清洁、复位现场的设备、车辆等	□是	□否		
3. 清洁地面等	□是	□否		

任务 7.1　中控系统的检测与维护——评分表

任务实施步骤	分数	得分	改进的方法
一、中央门锁的正确使用			
1．用门锁控制开关上锁和解锁	5		
2．用钥匙开关上锁和解锁	5		
二、遥控门锁的正确使用			
1．用遥控器上锁车门	5		
2．用遥控器解锁车门	5		
3．用遥控器打开后备厢	5		
4．用机械钥匙开启车门	10		
三、遥控器电池的更换			
1．拆卸电池	10		
2．安装电池	10		
四、中央门锁熔断器的检测			
1．找到熔断器	5		
2．熔断器的检测	5		
五、中央门锁控制开关的检测			
1．拆卸开关	10		
2．开关检测	10		
六、现场 5S 恢复			
1．整理、整顿、清扫、清洁、复位现场的工具、仪器等	5		
2．整理、整顿、清扫、清洁、复位现场的设备、车辆等	5		
3．清洁地面等	5		

任务 7.1　中控系统的检测与维护——交接单

班级：＿＿＿＿＿＿＿＿＿姓名（小组）：＿＿＿＿＿＿＿＿＿＿得分：＿＿＿＿＿＿＿＿＿

序号	问　题	是	否	说　明
1	操作工位的所有仪器设备工具等是否齐全，并且运行正常			如否，哪些物品需要进行维修
2	操作工位的所有仪器设备工具是否可以继续使用			如否，哪些物品需要被调换
3	是否已将操作工位恢复到初始状态（设备恢复/工具归位/地面清洁等）			如否，告知教师，并说明原因
4	是否已经完成了相关资料的整理，以及操作过程的记录			如否，打算何时完成
5	是否已经上交了全部的任务文档			如否，打算何时完成
日期		时间		

学生（小组）签字	

任务 7.2 防盗系统的检测与维护——任务单

0. 任务说明	小明在某丰田汽车 4S 店做维修接待两年了。有一天，客户刘先生开着一辆卡罗拉汽车来到 4S 店，刘先生反映车辆闭锁后，该车防盗报警灯不闪了 如果你是小明，请你负责该车辆接待，向刘先生介绍汽车防盗系统的组成、功能及正确使用方法，并完成汽车防盗系统初步检查，与客户完成关于防盗系统故障的初步沟通
1. 信息资讯	防盗系统的检测与维护信息表 # 学生分组完成或独立完成工作页 需要使用到的设备和材料： • 教材《汽车电气设备检测与维护（含工作页）》科学出版社 • 相关车型维修手册及教学资源 • 教学实训车辆 4～6 辆 • 无线网络环境 • 任务相关信息表
2. 制订计划	防盗系统的检测与维护计划制订 # 确定客户认知内容需求；选定相关内容的知识解说要点；编写操作流程和介绍解说词；检验合理性和可行性 需要使用到的测量设备和材料： • 教材《汽车电气设备检测与维护（含工作页）》科学出版社 • 相关车型维修手册 • 教学实训车辆 4～6 辆 • 工具及工具车 4～6 套等 • 工作记录表
3. 合作实践	小组学生根据岗位分工完成防盗系统的检测与维护介绍任务 # 学生根据人数进行岗位分工；学生开展任务实施；学生对任务实施情况进行记录 需要使用到的测量设备和材料： • 工作记录表 • 教学实训车辆 4～6 辆 • 工具及工具车 4～6 套等 • 配套教材、学习资源
4. 检查评估	防盗系统的检测与维护评估 # 根据操作情况完成检查表填写；小组学生开展讨论进行反思总结；教师和学生共同分析解决问题，改进方法；根据工位学时进行岗位轮换 需要使用到的测量设备和材料： • 记录表 • 评分表
5. 岗位交接	汇总文档并将工作站恢复到初始状态 # 汇总所有工作文档，填好交给教师；与教师商讨工作结果；将工作站恢复到初始状态 需要使用到的测量设备和材料： • 填写好信息表、记录表、评分表 • 填写好的交接单

任务 7.2　防盗系统的检测与维护——信息表

班级：_____姓名（小组）：_____　得分：_____

基础知识
1. 汽车防盗系统的功能包括 _____
2. 汽车防盗系统的类型包括 _____
3. 阻止发动机启动防盗系统的组成包括 _____

请编写"防盗系统的检测与维护"工作计划		
序号	工作步骤	工具/辅助工具

任务 7.2　防盗系统的检测与维护——记录表

班级：_____姓名（小组）：_____　得分：_____

任务实施步骤	是否完成	实际时长	存在的问题
记录说明： 1. 记录每个任务实施步骤完成情况和时间 2. 记录操作中存在的问题			
一、防盗系统的正确使用			
1. 启用防盗系统	□是　　□否		
2. 解除防盗系统	□是　　□否		
3. 无钥匙系统	□是　　□否		
4. 应急启动	□是　　□否		
5. 应急关闭	□是　　□否		
二、防盗指示灯检测			
防盗指示灯检测	□是　　□否		
三、发动机舱监控开关检测			
发动机舱监控开关检测	□是　　□否		
四、防盗喇叭检测			
防盗喇叭检测	□是　　□否		
五、现场 5S 恢复			
1. 整理、整顿、清扫、清洁、复位现场的工具、仪器等	□是　　□否		
2. 整理、整顿、清扫、清洁、复位现场的设备、车辆等	□是　　□否		
3. 清洁地面等	□是　　□否		

任务 7.2 防盗系统的检测与维护——评分表

任务实施步骤	分数	得分	改进的方法
一、防盗系统的正确使用			
1. 启用防盗系统	5		
2. 解除防盗系统	5		
3. 无钥匙系统	5		
4. 应急启动	5		
5. 应急关闭	5		
二、防盗指示灯检测			
防盗指示灯检测	20		
三、发动机舱监控开关检测			
发动机舱监控开关检测	20		
四、防盗喇叭检测			
防盗喇叭检测	20		
五、现场 5S 恢复			
1. 整理、整顿、清扫、清洁、复位现场的工具、仪器等	5		
2. 整理、整顿、清扫、清洁、复位现场的设备、车辆等	5		
3. 清洁地面等	5		

任务 7.2 防盗系统的检测与维护——交接单

班级：＿＿＿＿＿＿＿＿ 姓名（小组）：＿＿＿＿＿＿＿＿ 得分：＿＿＿＿＿＿＿＿

序号	问 题	是	否	说 明
1	操作工位的所有仪器设备工具等是否齐全，并且运行正常			如否，哪些物品需要进行维修
2	操作工位的所有仪器设备工具是否可以继续使用			如否，哪些物品需要被调换
3	是否已将操作工位恢复到初始状态（设备恢复/工具归位/地面清洁等）			如否，告知教师，并说明原因
4	是否已经完成了相关资料的整理，以及操作过程的记录			如否，打算何时完成
5	是否已经上交了全部的任务文档			如否，打算何时完成
日期		时间		

学生（小组）签字	

项目 8 汽车空调系统的检测与维护

任务 8.1 空调系统的清洗及空调滤清器的维护——任务单

0. 任务说明	李先生的雪佛兰科鲁兹 1.6L/AT 手动空调轿车是 2017 年 5 月买的，今年夏天他发现轿车汽车空调吹出的空气有异味。技师王师傅检查并了解了李先生的车子从买来到现在还没换过空调滤清器，这是空调吹出的空气有异味的主要原因。请在 1 个小时内帮助李先生的车子完成空调滤清器的更换并完成较为系统的汽车空调系统保养作业
1. 信息资讯	空调系统的清洗及空调滤清器的维护信息表 # 学生分组完成或独立完成工作页
	需要使用到的设备和材料： • 教材《汽车电气设备检测与维护（含工作页）》科学出版社 • 相关车型维修手册及教学资源 • 教学实训车辆 4~6 辆 • 无线网络环境 • 任务相关信息表
2. 制订计划	空调系统的清洗及空调滤清器的维护计划制订 # 确定客户认知内容需求；选定相关内容的知识解说要点；编写操作流程和介绍解说词；检验合理性和可行性
	需要使用到的测量设备和材料： • 教材《汽车电气设备检测与维护（含工作页）》科学出版社 • 相关车型维修手册 • 教学实训车辆 4~6 辆 • 工具及工具车 4~6 套等 • 工作记录表
3. 合作实践	小组学生根据岗位分工完成空调系统的清洗及空调滤清器的维护介绍任务 # 学生根据人数进行岗位分工；学生开展任务实施；学生对任务实施情况进行记录
	需要使用到的测量设备和材料： • 工作记录表 • 教学实训车辆 4~6 辆 • 工具及工具车 4~6 套等 • 配套教材、学习资源
4. 检查评估	空调系统的清洗及空调滤清器的维护评估 # 根据操作情况完成检查表填写；小组学生开展讨论进行反思总结；教师和学生共同分析解决问题，改进方法；根据工位学时进行岗位轮换
	需要使用到的测量设备和材料： • 记录表 • 评分表
5. 岗位交接	汇总文档并将工作站恢复到初始状态 # 汇总所有工作文档，填好交给教师；与教师商讨工作结果；将工作站恢复到初始状态
	需要使用到的测量设备和材料： • 填写好信息表、记录表、评分表 • 填写好的交接单

任务 8.1 空调系统的清洗及空调滤清器的维护——信息表

班级：_____ 姓名（小组）：_____ 得分：_____

基础知识
1. 空调系统的作用包括 _____
2. 空调制冷系统的工作过程包括 _____
3. 空调调节系统包括 _____
4. 自动空调系统的传感器包括 _____

请编写"空调系统的清洗及空调滤清器的维护"工作计划

序号	工作步骤	工具/辅助工具

任务 8.1　空调系统的清洗及空调滤清器的维护——记录表

班级：_____姓名（小组）：_____　得分：_____

记录说明：
1. 记录每个任务实施步骤完成情况和时间
2. 记录操作中存在的问题

任务实施步骤	是否完成	实际时长	存在的问题
一、汽车空调的类型认识			
1. 手动汽车空调	□是　　　□否		
2. 自动汽车空调	□是　　　□否		
二、空调系统的正确使用			
空调系统的正确使用	□是　　　□否		
三、空调系统的清洗维护			
1. 清洗的好处	□是　　　□否		
2. 不清洗的危害	□是　　　□否		
3. 冷凝器的清洁	□是　　　□否		
4. 通风系统的清洗	□是　　　□否		
5. 空调滤清器的维护	□是　　　□否		
四、空调通风系统的清洗			
空调通风系统的清洗	□是　　　□否		
五、空调滤清器的检查与更换			
1. 空调滤清器的安装位置	□是　　　□否		
2. 空调滤清器的检查与更换	□是　　　□否		
六、现场 5S 恢复			
1. 整理、整顿、清扫、清洁、复位现场的工具、仪器等	□是　　　□否		
2. 整理、整顿、清扫、清洁、复位现场的设备、车辆等	□是　　　□否		
3. 清洁地面等	□是　　　□否		

任务 8.1 空调系统的清洗及空调滤清器的维护——评分表

任务实施步骤	分数	得分	改进的方法
一、汽车空调的类型认识			
1. 手动汽车空调	5		
2. 自动汽车空调	5		
二、空调系统的正确使用			
空调系统的正确使用	10		
三、空调系统的清洗维护			
1. 清洗的好处	5		
2. 不清洗的危害	5		
3. 冷凝器的清洁	5		
4. 通风系统的清洗	5		
5. 空调滤清器的维护	5		
四、空调通风系统的清洗			
空调通风系统的清洗	20		
五、空调滤清器的检查与更换			
1. 空调滤清器的安装位置	10		
2. 空调滤清器的检查与更换	10		
六、现场 5S 恢复			
1. 整理、整顿、清扫、清洁、复位现场的工具、仪器等	5		
2. 整理、整顿、清扫、清洁、复位现场的设备、车辆等	5		
3. 清洁地面等	5		

任务 8.1　空调系统的清洗及空调滤清器的维护——交接单

班级：_____姓名（小组）：_____　　得分：_____

序号	问　题	是	否	说　明
1	操作工位的所有仪器设备工具等是否齐全，并且运行正常			如否，哪些物品需要进行维修
2	操作工位的所有仪器设备工具是否可以继续使用			如否，哪些物品需要被调换
3	是否已将操作工位恢复到初始状态（设备恢复/工具归位/地面清洁等）			如否，告知教师，并说明原因
4	是否已经完成了相关资料的整理，以及操作过程的记录			如否，打算何时完成
5	是否已经上交了全部的任务文档			如否，打算何时完成
日期		时间		

学生（小组）签字	

任务 8.2　空调制冷系统的检测及制冷剂的回收与加注——任务单

0. 任务说明	近日夏天，一位科鲁兹 1.6L AT 的车主来到 4S 店进行空调维修，该车辆在开启空调后，不制冷并且吹出来的风是热风。经过维修组长检查后发现是维修接口处制冷剂泄漏导致系统内没有制冷剂造成的，更换了维修接口处的针阀后，维修组长要求你给该车辆的空调加注制冷剂和冷冻机油
1. 信息资讯	空调制冷系统的检测及制冷剂的回收与加注信息表 # 学生分组完成或独立完成工作页
	需要使用到的设备和材料： • 教材《汽车电气设备检测与维护（含工作页）》科学出版社 • 相关车型维修手册及教学资源 • 教学实训车辆 4～6 辆 • 无线网络环境 • 任务相关信息表
2. 制订计划	空调制冷系统的检测及制冷剂的回收与加注计划制订 # 确定客户认知内容需求；选定相关内容的知识解说要点；编写操作流程和介绍解说词；检验合理性和可行性
	需要使用到的测量设备和材料： • 教材《汽车电气设备检测与维护（含工作页）》科学出版社 • 相关车型维修手册 • 教学实训车辆 4～6 辆 • 工具及工具车 4～6 套等 • 工作记录表
3. 合作实践	小组学生根据岗位分工完成空调制冷系统的检测及制冷剂的回收与加注介绍任务 # 学生根据人数进行岗位分工；学生开展任务实施；学生对任务实施情况进行记录
	需要使用到的测量设备和材料： • 工作记录表 • 教学实训车辆 4～6 辆 • 工具及工具车 4～6 套等 • 配套教材、学习资源
4. 检查评估	空调制冷系统的检测及制冷剂的回收与加注评估 # 根据操作情况完成检查表填写；小组学生开展讨论进行反思总结；教师和学生共同分析解决问题，改进方法；根据工位学时进行岗位轮换
	需要使用到的测量设备和材料： • 记录表 • 评分表
5. 岗位交接	汇总文档并将工作站恢复到初始状态 # 汇总所有工作文档，填好交给教师；与教师商讨工作结果；将工作站恢复到初始状态
	需要使用到的测量设备和材料： • 填写好信息表、记录表、评分表 • 填写好的交接单

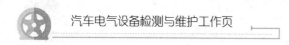

任务 8.2　空调制冷系统的检测及制冷剂的回收与加注——信息表

班级：_____ 姓名（小组）：_____ 得分：_____

基础知识		
1. 目前汽车上广泛采用的制冷剂是 _____		
2. 汽车空调系统检修常用工具包括_____		
3. 为保证工作正常，对冷冻润滑油的要求有_____ _____		

请编写"空调制冷系统的检测及制冷剂的回收与加注"工作计划		
序号	工作步骤	工具/辅助工具

任务 8.2 空调制冷系统的检测及制冷剂的回收与加注——记录表

班级：＿＿＿＿＿＿＿＿ 姓名（小组）：＿＿＿＿＿＿＿＿ 得分：＿＿＿＿＿＿＿＿

记录说明： 1. 记录每个任务实施步骤完成情况和时间 2. 记录操作中存在的问题			
任务实施步骤	是否完成	实际时长	存在的问题
一、空调制冷系统性能的检测			
1. 准备温度测量仪器	□是　　□否		
2. 设置空调检测状态	□是　　□否		
3. 通过空调观察视窗判断	□是　　□否		
4. 通过检测出风口温度	□是　　□否		
二、空调制冷系统压力的检测			
1. 准备歧管压力表	□是　　□否		
2. 制冷剂的压力检测	□是　　□否		
三、空调制冷剂的检测、回收与加注			
1. 前期准备	□是　　□否		
2. 制冷剂的检测	□是　　□否		
3. 制冷剂回收与加注	□是　　□否		
四、现场 5S 恢复			
1. 整理、整顿、清扫、清洁、复位现场的工具、仪器等	□是　　□否		
2. 整理、整顿、清扫、清洁、复位现场的设备、车辆等	□是　　□否		
3. 清洁地面等	□是　　□否		

任务 8.2　空调制冷系统的检测及制冷剂的回收与加注——评分表

任务实施步骤	分数	得分	改进的方法
一、空调制冷系统性能的检测			
1．准备温度测量仪器	5		
2．设置空调检测状态	5		
3．通过空调观察视窗判断	5		
4．通过检测出风口温度	5		
二、空调制冷系统压力的检测			
1．准备歧管压力表	5		
2．制冷剂的压力检测	15		
三、空调制冷剂的检测、回收与加注			
1．前期准备	5		
2．制冷剂的检测	20		
3．制冷剂回收与加注	20		
四、现场 5S 恢复			
1．整理、整顿、清扫、清洁、复位现场的工具、仪器等	5		
2．整理、整顿、清扫、清洁、复位现场的设备、车辆等	5		
3．清洁地面等	5		

任务 8.2 空调制冷系统的检测及制冷剂的回收与加注——交接单

班级： _____ 姓名（小组）： _____ 得分： _____

序号	问 题	是	否	说 明
1	操作工位的所有仪器设备工具等是否齐全，并且运行正常			如否，哪些物品需要进行维修
2	操作工位的所有仪器设备工具是否可以继续使用			如否，哪些物品需要被调换
3	是否已将操作工位恢复到初始状态（设备恢复/工具归位/地面清洁等）			如否，告知教师，并说明原因
4	是否已经完成了相关资料的整理，以及操作过程的记录			如否，打算何时完成
5	是否已经上交了全部的任务文档			如否，打算何时完成
日期		时间		

学生（小组）签字	